# 华为经济学

经济学 华为

习风 —— 著

中信出版集团 | 北京

**图书在版编目（CIP）数据**

华为经济学 / 习风著 . -- 北京 : 中信出版社，
2021.1
ISBN 978-7-5217-2337-3

Ⅰ . ①华… Ⅱ . ①习… Ⅲ . ①通信企业—企业管理—
经验—深圳 Ⅳ . ① F632.765.3

中国版本图书馆 CIP 数据核字（2020）第 196391 号

**华为经济学**

著　者：习风
出版发行：中信出版集团股份有限公司
　　　　　（北京市朝阳区惠新东街甲 4 号富盛大厦 2 座　邮编　100029）
承 印 者：北京楠萍印刷有限公司

开　　本：880mm×1230mm　1/32　　印　张：9.25　　字　数：181 千字
版　　次：2021 年 1 月第 1 版　　　　印　次：2021 年 1 月第 1 次印刷
书　　号：ISBN 978-7-5217-2337-3
定　　价：59.00 元

# 目录

## 第一章
## 引论：企业视角的经济学及其意义

## 第二章
## 华为政治经济学

# 第三章
# 华为的贸易观

# 第四章
# 华为微观经济学

# 第五章
## 华为宏观经济学

# 第六章
## 公司治理新模式

# 第七章
# 流程型组织

# 推荐序

　　这些年，华为的成功引起了一股学习热潮。我也因此接触了各个行业和不同发展阶段的很多企业，通过沟通与交流，分享了华为的管理经验，共同探讨中国企业的发展之路，深切感到一种责任和荣幸！

　　在与许多企业的交流中，我也一直在思考一些问题。华为的经验来自自身的探索、学习、创新、整合和发展，有其特定的环境，当运用于其他企业时，各个企业的背景、行业、基础、体制、文化、环境等都有其差别，如何能够迅速将华为的管理方法植入各个企业的实践？如何让各个企业掌握华为管理方法的本质，而不是形式？如何能尽快让企业看到变革效果？这些问题影响着企业学习华为的信心。现实中，的确有很多企业家对华为充满了钦佩和尊重，但真正开始学习华为时，他们常常心存疑惑：华为的方法是否适合自己的土壤？

如何找到解决这个问题的钥匙？看到《华为经济学》的书稿，我感觉看到一个闪亮的火花。现在，介绍华为管理的书籍已非常之多，有的着力事实，有的紧扣历史，有的详解某一门类管理之法，也有猎奇但实质肤浅之作。这本书的写法很独特，它是一本以经济理论为框架，以华为的管理实践为主题内容，将理论与实践相结合的书。这种写法的好处是把华为的管理方法放到一个可以"标准化"的视角（即人们共同认知的经济原理）中，从实践回归理论，进而提炼华为管理之"道"。从"道"的角度阐释华为，可以脱离每个企业的具体环境和背景，建立一座用于理解和学习华为的桥梁。

华为的管理方法非常注重实践，当然华为也注重理论，只是从理论到应用，会经历一个根据自己的实际情况去伪存真的过程，所以我们看到的往往是华为管理之"术"。直接学"术"往往得不到真谛，而先理解其"道"，则可能一通百通。

这本书的作者习风是中国最早的一批 MBA（工商管理硕士）中的一员，接受了较为全面的企业管理教育，后经中外多家企业实践，特别是在华为工作 10 年，切身体验了华为和其他企业的经验和管理，因此可以进行比较研究。特别地，他结合理论的研究将华为管理的先进性分析得更为透彻，为我们深度剖析了华为管理之"道"。此前，习风已经从管理学原理出发，分析了华为的组织运作方法，揭示了许多企业难以回避的科层体制问题，而这次，他又通过这本书，揭示了更本源的企业经营之"道"。这一次，他的研究更为广阔，用经济学解释管理现象，这种尝试的确令人耳目一新。

作者的研究涵盖了经济学的多个方面。首先，在政治经济学领域，他将马克思的理论与华为的实践相结合，做了多方面的研究，将剩余价值归属与知识资本化、劳动价值与绩效管理、公有制与集体领导、无产阶级与奋斗者文化、分工异化与流程型组织等进行关联性研究。这一研究表明，华为的经营思想与当前大多数追逐资本的企业完全不同，华为是马克思政治经济学原理活生生的现实案例。企业首先要明确经营宗旨，这是经营思想的根源，而西方企业"为股东服务"的宗旨是许多知名企业倒下的原因，这方面西方企业界已经开始醒悟，而华为的实践已经走在前列。

其次，作者从国际贸易理论出发，对照华为的发展过程，从华为聚焦一点，形成比较优势，到持续投入，形成绝对优势，再到实施备胎策略，防备管制风险，提出了与国际贸易理论"追求比较成本优势"不同的观点，而结合当前的反全球化思潮和中美贸易摩擦，这些问题具有现实意义，的确值得思考。

再次，作者借鉴宏观和微观经济学原理，类比性地将其用于企业管理方法研究。这本书用计划和市场的关系、规模经济和生产函数等原理，解释了为何大多数企业喜欢采用承包制、多元化、内部竞争等化整为零的方式，而华为坚决以加强战略和计划能力为主导，以客户为中心驱动集体协作，以此扩大经营规模；用创新与消费需求的关系，揭开了华为投入研发、探索高利润蓝海区的秘密；用生产要素和分配理论，说明了华为为何从来不用提成制，始终如一地进行科学的价值分配；用内部的"积极财政"和"紧缩货币"政策，道出了华为能够集中力量于战略目标，保持财务健康，持续发展的原因。这些分析不仅将华为的管理方法与当前一般企业普遍认知的做法区别开来，实际上也为经济学本身的发展提出了一个极有研究价值的目标对象。

最后，基于"华为经济学"总结出来的原理，作者指出了其应用领域，即公司治理。当前的公司治理制度来自西方企业的产权制度，即职业经理代理经营下的董事会、监事会和经理人三权分立的制衡机制，企业以此实现股东利益。但是华为采用的是全员持股制度，股东就是员工。所谓经理人，也是股东代表。董事会亲自参与经营，委托经营的基础就不存在了。因此，华为的公司治理较西方企业发生了一系列的根本性变化。这种公司治理机制是否可以成为全新的企业产权制度？这是非常值得研究的。

总之，这本书作为第三方对华为的研究性著作，无论观点是否完全正确，都极有意义。中国的经济发展令世界瞩目，背后有内在的中国因素和中国经验。同样，华为成为世界瞩目的一流企业，也有极为重要的华为经验。作者说明了在中国的土壤、环境、人才和文化之下，同样可以创新、发展和超越。华为的经验有着一定的西方经验的传承，但更有中国特色和华为的创新，否则它就不会超越其当年的老师 IBM（国际商业机器公司）。因此，现在是时候将我们对企业管理的研究转向华为这样的本土标杆，总结出中国原创的管理理论了，这必将更好地促进中国经济的发展。

我谨向各位读者推荐这本书，并希望有更多的企业家、学者和管理者深入探讨，将华为的管理经验在当前中国企业管理转型升级的特殊时期发扬光大。

刘全伟

传世智慧学院院长

中国企业人才发展智库特聘顾问

华为前子公司董事、华为大学前领导力发展总监

2020 年 10 月 22 日

# 前　言

　　企业管理咨询这个行业曾经有这么一个阶段，大量从业人员出自 IBM，他们传播的管理方法有一个特点：非常注重实践。这源自 20 世纪 90 年代初，IBM 的郭士纳对 IBM 进行的一次变革。时逢 IBM 面临一场危机，多年的发展已使这家公司成为知名的国际化大公司，但它也到了一个瓶颈期，因沉重的大企业病而濒临倒闭。郭士纳接任 CEO（首席执行官）后，一改常见的分拆公司、化整为零、去除臃肿、激发活力的做法，他继续保持一个大企业的运作，继续发挥大公司的资源集约化效应，更好地为社会服务。但是，如何让"庞大的大象"也能跳舞？非科技行业出身的郭士纳领导这样一个企业显然是异常艰巨的。但出人意料的是，他采用了一种与众不同的方式：以客户为中心，建立流程型组织，使得每一个员工的工作在客户需求和流程的传导下被驱动起来，而不是仅仅围绕"领导"这个核心来运作。

这种方式给员工提出了很高的要求：不仅要自己找粮食，还要靠自己解决问题。当然，员工个人能力是有限的，需要结成一个个团队，这些团队往往有一定的专业或职能，团队成员遇到问题相互讨论，共同寻找解决方案。在这个过程中，各个团队免不了要寻求各种管理方法，但那些出自理论或书本的方法并不能完全付诸实践，因为有些是理论推演，有些是它山之石，有的残缺不全，有的过于完美，IBM 的团队需要去伪存真，不断打磨，才能付诸行动，例如现在大名鼎鼎的 IPD（集成产品开发）、BLM（业务领导力模型）这些方法，都是这些团队打磨的结果。

由于 IBM 转型成功，其一系列管理方法也开始引人注目，一些曾经在 IBM 工作过的管理者出来从事管理咨询工作，向其他企业传播管理方法。他们与那些知名咨询公司的顾问有一种明显的区别：他们一般都不会太深入地从源头讲解一套方法的原理，没有那种理论功底，而是直截了当地告诉别人解决问题的套路，即 IBM 是怎么做的、如何成功的。这种方法如同通俗小说，比起枯燥的教科书，它显然更能吸引人，所以他们做得风生水起。

但是，这些 IBM 顾问并没有培养出多少优秀的企业，只有一个例外：华为。华为之所以得到真传，是因为任正非不惜血本地投入，他们进行每一个变革项目都要聘请数十位 IBM 本土顾问参与，相当于是把 IBM 的那些团队搬到中国来工作，这恐怕是咨询史上绝无仅有的案例。由于这种团队性的整体工作，IBM 不仅是在教华为管理方法本身，也在教华为管理运作（即管理创新）的方法，而后者比前者更重要，是一个企业应该学习的真本领。

如今管理咨询进入新的一轮发展阶段，IBM 的顾问逐渐在业界消失，华为背景的顾问登上了舞台，因为华为近些年的管理创新比 IBM 走得更远了。但是，"新生代"顾问是否也会像当年的 IBM 顾问一样，空有一身武艺而培养不出优秀的企业？是否每一个企业都必须像华为那样整体搬迁一个团队，付出巨大的代价呢？

回顾 IBM 顾问的做法，它有进步的一面，因为 IBM 顾问更注重实践，更接地气；它也有不足的一面，过于讲究实践，会使得管理方法越来越繁杂化、技能化，没有理论归纳。局部看是好方法，整体看就未必。管理学本来就有一个短板，即管理学基本上是一个由经验归纳出来的学科，缺乏一条主线，就像有很多颗珍珠，但没有一条穿起来的线，就不能成为一条漂亮的项链。所以，我们当前不仅需要总结那些新的"珍珠"，也要研究那条串起来的"线"。

这时笔者想到了经济学。经济学比管理学的体系脉络更清晰，它从几个基本原理出发，如边际效益、供需均衡、市场货币等，通过演绎就能推导出各种经济现象以及对应的策略，那么是否可以用经济学的这些原理把管理学串起来呢？我认为一定是可以的。

首先，企业经营本身就是一种经济活动。我们做的任何一项商业决策，背后都有经济逻辑，只是我们做决策时不一定会去套用。我们不去套用是因为我们把经济学看成宏观层面的应用，那是政府关心的，普通企业和个人只需要关注"经济气候"即可。但实际上，现在企业越做越大，问题主要集中在大企业病上，比起精益生产之类的管理方法，宏观治理的方法更加缺乏，那为何不把大企业当作一个小国家进行治理呢？企业大了，就要平台化，领导不能一管到底，得用一些方法进行调节，这和治国很相似。过去我们说"治大国若烹小鲜"，说的是二者的道理是相通的。那么，当把目标定为公司治理时，我们能不能反过来看一下，"烹小鲜"是否和"治大国"也是相通的呢？

其次，华为的诸多管理方法提供了依据。华为多年来在IBM顾问的指导下，建立了流程型组织，公司主要通过"法治"来进行治理，管理者与员工之间并非那种靠绝对指挥来运转的关系，因此公司如同一个社会，员工来到这个企业只是找到一个工作的平台，与公司共存。对于员工来讲，公司希望他们"当雷锋"，保持艰苦奋斗，多奉献，但公司又制定了"不让雷锋吃亏"的政策，最终的利益还是落到了每个人身上，如果更多的付出不能带来更多的回报，奋斗精神是不能长久的。所以，华为不是一个光靠口号和精神力量来运作的企业，而是一个典型的围绕经济规律办事的企业。

最后，从经济学角度研究华为乃至管理学，意义重大。之前有学者尝试研究企业经济学，把微观经济学中的厂商理论和需求理论，同管理学和市场营销学等密切地结合起来，其本质还是侧重管理学，并且只涉及经济学的一个部分。我们需要全面地通过经济学原理研究企业管理，这样才能真正地、系统地将管理学和经济学联系起来。这样做很重要的意义是为企业家学习华为建立桥梁。广大企业家多少还是懂一些经济学的，但他们对华为的背景、文化、业务、语境等都不熟悉，直接去学华为是有一定的困难的，容易理解不充分，甚至产生误区，这会浪费很多精力，让广大企业家走很多弯路。出于这一原因，我觉得有必要用写书的方式进行一次系统的梳理，把"华为经济学"呈现给感兴趣的读者。

第一章

引论：企业视角的
经济学及其意义

经济就是以尽可能更好地满足需要为目的的对现有财货的管理。把经济仅仅描述为争取达到这个目的的一种"努力"是不够的：一无所有，偶尔摘取果实的人不是在经营，而是在劳动，只是在他已经握有加工制造出来的东西时，才开始有经济。

——［德］洛贝尔图斯

## 本章概述

    很多商学院有经济与管理两大类学科。学经济的多半去政府部门，那里可以发挥他们所学之长，调节国家经济气候，而学管理的多半去企业，那里有机会施展经营之术，成就一番事业。然而，国家治理和企业经营有根本的差别吗？很多大企业富可敌国，俨然一个帝国，《水煮三国》就把"三国"写成了企业经营，仔细品味确实有其道理。水煮的东西别有味道，因为串起了五味杂陈才让我们领略到不同寻常的境界，而经济学与管理学串一串，或许可以让我们领略一下大企业这个园子里的西洋景。

    本章作为引论，首先需要说明管理学与经济学的关联、交点，即经济目标与管理手段之间的关系。这种融合在当今这样的知识经济时代尤为重要，企业创新需要拨开迷雾，重新审视以知识人为主的企业组织所需要的管理理念。这种理念并非空洞的研究，华为的经营实践可以作为实证。

## 导入案例：华为如何开启 IPD 变革之路

IPD 是华为向 IBM 学习的第一个大型变革项目，并且华为学得非常成功，它奠定了华为研发管理的基础，形成了核心竞争能力，格外引人注目。其后很多企业也实施了 IPD，但鲜有成功的，能够依靠研发实力把企业发展到千亿美元规模的更是少见。

其实 IPD 并非华为引自 IBM 咨询的第一个项目。1998 年华为第一次与 IBM 合作，实施流程及 IT（信息技术）策略与规划项目，主要内容与核心目的是规划和设计华为未来 3~5 年需要开展的业务流程和所需的 IT 支持系统，该项目由 IPD、ISC（集成供应链）、IT 系统重整、财务四统一（财务制度和账目统一、编码统一、流程统一和监控统一）等 8 个子项目组成。通过这个项目，华为开始布局未来，走上了系统化的管理变革之路。

由此可见，IPD 只是最初规划的项目之一，它之所以成为第一个重大变革项目，还在于 IPD 团队自身的努力。换句话说，任正非一开始重点培养了 8 个孩子，请 IBM 进行了初级训练，接下来就看 8 个孩子的行动了，而 IPD 团队是最早交作业的。

从 1998 年初开始，华为就开始自己摸索实施 IPD，组织了项目组（成员主要是工商管理硕士），拿出了一套基于 IPD 的研发体系变革方案，并进行了推广实施。但这次 IPD 变革效果并不像人们所预期的那样，它基本上是一次失败的尝试。尽管交的是不合格的作业，但它仍然是一次积极的尝试。

接下来从 1999 年初开始，通过比较分析，华为正式决定高价聘请 IBM 的洋顾问来帮忙解决问题。项目启动之前，IBM 第一期报价 4 800 万美元（当时约合 5.6 亿人民币），相当于华为公司一年的利润！华为的财务总裁想砍价，任正非说："你负责砍价，能否负责承担项目风险？"由于 IBM 是一口价，任正非只问一句话："你们有信心把项目做好吗？"IBM 的代表沉思片刻，说能。于是，任正非拍板定了项目。加上实施与 IT 等费用，整个 IPD 变革共计花了 20 亿人民币。

这 20 亿元请来的是一批美国本土货真价实的洋顾问。华为 1998 年 8 月启动调研，1999 年 4 月启动 IPD 体系建设，2001 年 7 月导入试点项目运行，IBM 顾问的密集服务期持续了 27 个月。华为在项目实践的基础上，按照"先僵化、后优化、再固化"的方针，持续对业务体系进行变革和优化，一直到 2016 年推出"日落法"，开始进入固化阶段。

毫无疑问，华为是业绩增长最快的企业之一，华为公布的 2019 年年报显示，华为 2019 年全年营收 8 588 亿人民币，在 1999 年到 2019 年的 20 年时间内营收增长了 112 倍，2019 年的研发投入达 1 317 亿人民币，近 10 年累计投入超过 6 000 亿人民币，基于 IPD 的研发体系的高效产出是华为实现超常规发展速度的重要原因。

对于华为公司 IPD 变革的体会，任正非说道："我最大的收获就是可以游手好闲。"因为 IPD 变革进行了授权，激发了各个业务单位和产品开发团队的内在活力。华为公司导入这套 IPD 管理体系以后，很多事情是自运行的，领导者更多是看方向，从价值观上统一大家、激发大家。

## 对比案例：某企业的 LTC 变革

A 公司某行业国内销售额一直排名前列，为筹备上市，公司需要在销售额上有所突破，并需要先进的管理体系来支撑上市后的公司运作。在此背景下，该公司开始考虑效仿华为，建设 LTC① 的销售流程管理体系。

项目启动之初，公司高层特别关注营销模块，希望通过营销模块的流程变革，有效促进销售额的增长，并规范营销模块的业务流程。基于此目的，高层非常重视营销模块的流程变革，请了中国一家知名的咨询公司来开展这个项目。特别要说明的是，在请咨询公司前，该公司还没有成立任何与 LTC 流程管理相关的组织，也就是说 LTC 变革完全基于既有的业务组织形式。

经过咨询公司的辅导，对标华为的 LTC 流程及组织后，A 公司调整了业务架构，同步做了一些制度保障，比如销售预算、销售绩效激励、客户分级分类等，另外成立了市场管理部，对

---

① LTC 是指 Lead to Cash，是管理销售线索到回款的一系列销售和交付业务。

营销内部进行资源统筹协调，然后根据业务架构展开流程规划，后面共完成了 28 个流程，基本覆盖了营销模块的所有业务。最后，A 公司在流程建设的基础上导入了 CRM（客户关系管理）系统，经过将近 6 个月的 LTC 流程变革，加上 CRM 系统导入，营销模块的业务变革取得了阶段性成果，促进公司当年销售额增长了 30%，在当年下半年，公司顺利在深圳中小板上市。

不过，随着公司完成上市任务，LTC 仅仅起了一个头，后续基本处于停滞状态。之前由于董事长亲自来抓这项工作，很多部门协调关系，可以保持业务顺畅，但董事长抽身之后，一切回到原来的状态，部分销售主管不按规则要求执行业务，LTC 新设的市场管理部控制能力弱，部门之间协调效率低，LTC 的效用难以充分发挥。久而久之，LTC 变革的声音越来越弱，并没有起到打通流程、高效决策的效果。

**案例分析**

很多人将变革的成败归因于领导者，认为领导者是否重视是变革能否成功的关键。这一点在一定程度上是没错的，变革是要触动部分人的利益的，所以如果没有高层的支持，利益相关者之间的意见很难达成一致。但是，即便领导重视也要看采用什么方式，亲自上阵未必能从根本上解决人们思想上的问题，重要的是感化和教育。任正非的成功在于他善于教导，他没有直接逼迫员工一定要学 IPD，而是先请 IBM 通过规划项目开导华为的员工，让他们自发地愿意去尝试。自己愿意学与被逼着学完全是两种效果。从根本上说，任正非立足于"道"的层面，确定学习 IBM 的大方向，至于"法""术""器"的层面，应该是管理层和员工承接的。而很多企业将 IPD、LTC 视为"法"或者"术"，没有在思想上解决"道"的问题，结果上上下下的思想就不能统一，在行动上就不能做到力往一处使。

任正非从"道"的层面思考华为的发展问题，这就解释了为什么他在智力投资上不惜重金。很多企业的投资重点在于生产设备，为此不惜重金，但任正非悟到，企业的竞争力在于人的创新力，坚持这个"道"，他就知道最值得企业投入的不是看得见的设备，而是无形的知识。企业管理背后有一个灵魂，这个灵魂超越了具体的经营行为，它是一种思想、一种价值观和一种哲学。

## 第一节　管理学的目标在哪里？

管理学是研究管理规律、探讨管理方法、建构管理模式、取得最大管理效益的学科，它的目的是：研究在现有的条件下，如何通过合理地组织和配置人、财、物等因素，通过执行计划、组织、领导、控制等职能，整合组织的各项资源，提高生产力的水平，实现组织的既定目标。但是，它不会明确而深入地研究企业经营管理的既定目标本身是什么。企业经营是一种有意识、有目的的活动，尽管企业的战略管理、生产目标、经营改善都是驱动各项工作的动力，但这些业务活动也服务并服从于组织的总目标。因此，企业经营活动的目标在管理学之外，它可能来自最高层的思想、理念乃至哲学观，也可能来自市场、客户、员工的需求、知识和信息的综合影响，这也造就了企业的各种定位、价值观、经营模式、竞争与协作关系等丰富多彩的商业生态。试想，如果企业千篇一律地用管理学方法进行定位、组织和经营，可能相对同质化的企业会使商业环境死气沉沉，因此，在企业进行各项管理活动及优化之前，一定要先看一看管理的目标在哪里。

企业的"企"字在中国的甲骨文中写作"&#12291;"，字形看起来像是一个踮着脚向远处眺望的人，表示一种对那些尚不能触手可及的事物的盼望和期待。因此，那些追逐眼前利益，哪里"热"就往哪里去的经营者算不上企业家。中国古代儒商的经营理念是诚信为本，主张义利并举，以义取利，以利兴义。也就是说利益与正义密不可分，维护正义才能得到利益，而利益是对正义的回馈。重利轻义或见利忘义者，即使能得一时之利，也是自毁前程，又如何能够得到更长远的利益呢？

企业经营的目标不是一个简单的赢利问题，而是一个深奥、复杂的综合性问题。追求短期利益往往达不到利益最大化的目标，甚至和目标南辕北辙，会赔了夫人又折兵的。所以研究企业经营管理的目标，不能仅仅满足于对可见利益的考量，还要上升到哲学的高度。

首先，经营哲学是企业的起点。哲学是一个人关于世界观和处世方法的思想体系。尽管现在有很多经世的哲学体系，但每个人的哲学观不尽相同，这与每个人成长的环境、经历、知识、习惯和现实发展等有关。经世哲学可能会对一个人哲学观的形成有帮助，但不能决定人们思想意识的高度统一。

企业总是由一个核心人物创建的，除非多位创始合伙人有高度统一的思想，而在现实中这样的情景非常少见。在企业从小到大的发展过程中，核心人物的哲学思想就落实到这个企业中。员工必须接受这种思想，否则上下之间的冲突会影响企业运作的效率，其结果必然是领导淘汰不符合企业经营哲学的员工。

这种全员落实经营者思想的企业比比皆是，例如稻盛和夫的经营思想是把企业划分成许多小的经营单元，让它们像经营者一样，而不是像员工那样去思考和行事，企业通过部门间的阿米巴核算厘清每个人在组织中的贡献，每个人合理地获得自己的利益。但企业的部门间核算毕竟不是市场交易，内部交易的价格无法通过多方的买卖得到公平的价位，所以稻盛和夫实际上花了大量的时间教会员工互敬互爱，不要过于计较局部的得失，即所谓"敬天爱人"，按事物的本性做事，利他者自利。那些不能接受稻盛和夫经营哲学的员工，不可能留在这个体系中，而很多企业学习稻盛和夫的阿米巴经营模式时，只注意了学模式，没有学习和运用他的经营哲学，其结果必然是不会成功的。

任正非有一条经营哲学叫作"灰度哲学"，即做事不要非黑即白，要在黑白之间保持平衡，因此是灰色的。但这不是中庸，走中间道路就行了，而是坚持原则下的妥协。不同部门之间有利益冲突，常常会为一些问题争执不下，一定要请领导评判和决策，例如对于一份存在财务和交付风险的合同，销售部要签，财务部和交付部不同意，于是销售部把问题甩给领导：如果不签，今年销售收入就完不成了。这是很多企业的行事风格。但在华为，部门争执归争执，它们会在激烈辩论后彼此达成谅解和妥协，尽量不把问题上交，因为在任正非的观点中，"坚持正确的方向，与妥协并不矛盾，相反妥协是对坚定不移方向的坚持。当然，方向是不可以妥协的，原则也是不可妥协的。但是，实现目标过程中的一切都可以妥协，只要它有利于目标的实现"。

　　无论销售部还是财务部、交付部，它们都有自己的利益，但在根本上都是为公司好，有什么不能达成妥协的呢？能不上交的问题尽量不上交，将业务指挥从领导决定转变成利益相关方相互协调，这是华为运作上的独到之处，使华为相对于一般企业具备了独特的优势：第一，参与方坚持在原则下达成的方案，实际上是帮助企业寻找到的最佳解决方案；第二，充分的协商也使参与方相互理解，并明确行动的目标和要求，参与方在行动上高度一致，从而获得最高的执行效率。

　　因此，一个好的企业家需要有自己的经营哲学，并且将这种哲学贯彻下去。企业的经营哲学可以不一样，稻盛和夫与任正非走的是不同的道路，但这并不影响他们成为伟大的企业家，他们的共同之处在于落实了经营哲学，使得企业上下行动一致而高效，从而走向成功。

其次，经济学是企业经营管理的哲学。经济学是研究人类经济活动规律（价值的创造、转化和实现等）的学科，即关于经济发展规律的理论。经济学思想伴随着人类的生产交换活动，如食物储存、一般等价物（原始货币）出现等而诞生，但直到亚当·斯密写出《国富论》，才可以说经济学产生了划时代的分水岭。虽然之前不乏涉及经济的学术思想，如先秦诸子百家，特别是管仲的重商思想造就了齐国发达的商业，但毕竟远古时期生产力落后，大规模生产的组织离不开国家统治阶级。在士、农、工、商中，商业排在了末位，因为发达的商业会影响统治阶级的治理秩序和利益。在这种情况下，经济学是不可能独立出来的，经济现象必然缠绕在政治中，只有等到资本主义发展起来，民间物资丰富、资金供给充足，使得市场交易的作用和地位极大提升，工商产业链完善，经济学才可能独立于政治，构建起一套新的体系。

经济学给企业经营带来了明确的目标和思路，因为经济学就是研究如何创造价值，满足人的需要的功利活动。当代企业经营无不需要将企业的目标与国际和国家经济发展、资本和金融市场、全球化贸易乃至知识经济联系起来，否则就是盲人摸象。企业家对经济原理和现象的理解与认识影响着企业的发展方向，有的时候，企业的成败从一开始就被企业家的经济世界观决定了。

再次，经营哲学是最根本的企业文化。很多企业家及员工都对企业文化有这样或那样的误区，认为向优秀的企业学习企业文化是一种捷径，可以充分改造一个企业而让它变得强大，因此热衷于组织企业文化培训，今天学阿里，明天学华为，但事实上学到的都是这些优秀企业文化的"结果"，而不是"根源"。如果追溯这些根源，它们最终都会归结到企业核心人物的经营哲学：马云打造了世界级交易平台，整个企业必须维护这个平台的诚信，因此建立了高效的"政委"团队；任正非组织的是大规模研发和生产，因此强调团队的高效协作。我们只能从企业的经营思想推导企业文化，但不能从企业文化推导经营思想。

这不是说企业文化不重要，相反，两者是缺一不可的。因为经营思想如果只在领导者的脑袋中，它是指挥不了这个企业的，必须将其转化为企业文化，落实到每个员工的心中，它才能发挥作用。无数企业的成功经验告诉我们：企业文化与企业经营从来都是密不可分的，脱离了经营实际的企业文化毫无价值。以百年"蓝色巨人"IBM 为例，其历任董事长对企业文化都有非常精辟的论述。挽救 IBM 于危难的郭士纳曾说过："企业文化不是企业游戏的一部分，而是企业游戏的全部。"将 IBM 引入 21 世纪全盛时代的彭明盛更强调："相较于 100 年来与时俱进的产业转型，企业文化就是 IBM 的商业模式。"

企业文化理论引入中国已经 30 多年了，可是我们可能没有注意到一个现象：日本也是一个非常注重企业文化的国家，但是他们很少用企业文化这个词语，他们说的更多的是"经营哲学"。

## 第二节  经济学是为政府服务的吗？

经济学研究的是市场规律，这个规律需要无数的生产和交易活动才能得到体现，例如价格必须在市场的充分交易中才能真正得到反映，两个人偶然的交易定价不能代表商品价值。对经济学的运用要有一定的范围，样本要足够多，视角要足够宏观。市场如同大海，而每一个企业都是海洋中的一分子，只有跳出海洋，在一个制高点上才能进行管理，这个任务就落在了政府身上。经济学开山鼻祖《国富论》的全名为《国民财富的性质和原因的研究》，它就是以一个国家为单位进行研究的。

由此，经济学成为政府治理一国经济活动的重要工具，政府每时每刻都依据国内外市场发展变化而调整政策航向，努力提高经济发展的效率，规避风险。而众多企业经营和管理人员也非常关心经济发展的方向，但他们更多的是以顺应时代发展、捕捉机遇、规避政策风险为目的，将其作为外部经济气候，用来调整自己的经营战略和策略的。

事实真的如此吗？大多数企业在市场的海洋中都是一叶小舟，它们确实在很多情况下不能主导自己的航向，稍有风雨便可让它们偏离方向，随波逐流。但随着历史的发展，很多小舟已经逐渐发展成航空母舰集群。有些公司富可敌国，例如2011年，苹果公司的市值达到3 816亿美元，若将市值换成GDP（国内生产总值），苹果相当于全球第30大经济体，与澳大利亚、阿根廷、南非相当。有些公司在一国之中举足轻重，例如三星对韩国而言有国中之国之势。2018 年，沃尔玛公司拥有的在职员工达 230 万人，员工总人数比 60 多个国家各自的人口数还多。那么，这些大公司是否可以对内运用经济学进行管理呢？

俗话说，治大国若烹小鲜。这句话的意思并非"细节决定成败"，而是烹小鲜的很多道理可以用于治大国，比如"烹鱼烦则碎，治民烦则散，知烹鱼则知治民"，说的是不要频繁扰民，就如同烹鱼不要频繁给鱼翻身。同样，治理一个公司，也可运用经济学的大道理，而随着公司规模的扩大，这种大道理可运用的范围也是越来越大。尽管企业的实际经营不一定要套用什么经济学原理，但经营中的种种行为都可以在经济学中找到解释。

例如，华为的备胎计划是一件格外引人注目的事情。在美国商务部无理由地将华为列入所谓"实体清单"，禁止供货后，众多美国企业宣布将停止给华为供货，高通、英特尔、ARM（半导体知识产权供应商）、安森美、泰瑞达，甚至联邦快递都被要求禁止向华为出货或提供服务，美国企图迫使华为进入休克状态，强行阻碍中国高科技的发展势头。然而，华为拿出了备胎计划，一夜之间人们发现，从芯片到操作系统，乃至一些能够培育企业生态的标准，华为都有自己的一套，它成了打不死的"小强"。这当然是因为任正非高瞻远瞩，早做防范，而从经济学角度讲，这就是如何看待国际贸易的问题。在"二战"后的几十年时间里，国际贸易一直处于全球化分工合作的大趋势之中，每个企业都在这个大环境中发挥自己的比较优势，寻找自己的定位，参与生产与交换，不可能有一个企业能够包打天下。几十年的惯性已经让大多数企业只知道从国际贸易中获利，而不知道其中的风险，丝毫没有意识到反全球化思潮的兴起。经济学早已推导出，如果出现反全球化问题，各国会走向独立依靠自己的产业链这种结果。拥有自己的产业链可能并不是最经济的，却是最安全的，所以任正非说："我们不会轻易狭隘地排除美国芯片，要共同成长，但是如果出现供应困难的时候，我们有备份。"

再看一下海尔"人单合一"模式中的经济学原理。"人单合一"是海尔集团董事局主席、CEO张瑞敏提出并命名的一种商业模式，其字面释义为："人"，指员工；"单"，指用户价值；"合一"，指员工的价值实现与所创造的用户价值合一。"人单合一"不同于一般意义上的竞争方式和组织方式，也不属于传统的业务模式和赢利模式的范畴，而是顺应互联网时代零距离和去中心化、去中介化的时代特征，从企业、员工和用户三个维度进行的战略定位、组织结构、运营流程和资源配置领域的颠覆性、系统性的持续动态变革。"人单合一"的结果是员工与用户关系更加紧密，而企业作为一个管理平台，负责对运营良好的团队进行扶持，扮演投资者的角色。这在经济学中就是更多地让市场发挥作用，让内部各种团队瞄准价值需求，引领消费需求，而需求的增加有利于提高市场价格，进而使企业获得利润。

其实，并非只有这些知名企业的经营可以用经济学来解释，可以说每一个企业的经营都是对经济学的运用。我们知道，每个企业注册时都需要资本金，这实际上就是一个企业"货币政策"的起点。企业运营需要大量的资金，仅靠资本金往往是不够的，所以很多企业需要融资，这和一个国家放宽货币政策是一个道理，国家放宽货币政策本质上是一种信贷。融资可以使企业获得更多的现金，所以很多经营者把上市作为终极目标，但这是错误的观念，过多的资金可能成为负担，除非有人经营好这些资金，跑赢大趋势。此时该公司可能就不是原来的实业公司，而转变成金融公司了。货币政策应当适度，同理，那些不上市的企业，只要利用好资本，提高资本回报率，就可以健康发展。

　　经济现象在企业经营内部比比皆是，而很多企业家在内部经营时并未制定什么经济政策，不是也一样经营得很好？经济学在企业内部经营中有用吗？经济学的确只是一种对经验和现象的归纳，其本身并不创造什么经营法宝，但归纳的道理是可以推导出有价值的信息的。例如对电磁波的发现，人们是先理论推导，再实践验证，才发现这一有价值的东西的。经济现象的特点是均衡，价格是均衡的，供给和需求是均衡的，国际贸易也要均衡，但现实中仍然存在着很多不均衡，例如股东利益和员工利益的不均衡、行业利润空间的不均衡、宽松货币政策与紧缩货币政策的不均衡（人们总是回避紧缩政策，期望宽松政策长期维持），这就产生了簇拥现象：一味地追求资本，一味地追求短期利益。殊不知，当挤在一块蛋糕上时，人们未必就能分得更多，而那些特立独行的人可能独自享受了更多的资源。我们去观察华为，可以发现其经营方法中很多都是特立独行的，这就是它成功的秘密：你们都往东走，我就偏偏向西行。如果西行的人与东走的人一样多，可能世界上也就没有华为了。

很多人总是抱怨经济学预测不到下一个蓝海或者危机，指责政府的经济政策总有这样那样的不是，但这种祈天求雨的做法是无济于事的，你应当迈开自己的腿，走向新天地。寻找这片新天地需要有眼光，经济学不是万能的，但从不均衡中寻找希望总是没错的。企业家最难的是从一个成功走向另一个成功，因为成功之后就有一种惯性，人们容易迷信过往的成功经验。但经济学的规律是围绕均衡点的波动，是来回往复，这一次向东，下一次就应该向西，所以企业家要懂经济学。

很多企业家败在盲目扩张，把自己几十年的努力付之一炬，其实仔细想来，他们犯的都是低级错误。曾几何时，摩托罗拉就是无线通信的代名词，在第一代模拟通信技术网络上无人匹敌，但是很遗憾，这个通信革命的领导者被自己掀起的技术浪潮淘汰了。为什么？因为摩托罗拉不愿意放弃过去的成功，把业务调整到数字技术上来。实际上，从经济学角度分析，第一代移动通信技术解决了人们随时随地的通话需求，尽管还有提升空间，但人们进一步的需求点更多的是信号处理，以及移动数字技术所能提供的各种应用，这些需求的供需均衡落差更大，而数字技术可以逐步替代模拟通话，所以模拟通话需求反而会回落，摩托罗拉如果顺应这些需求，在数字信号处理和计算机处理器这些新领域发力，而不是全力投入追求完美的卫星组网的"铱星计划"，恐怕至今苹果、高通都不能与之相提并论。所以说，经济路线是首要的。如果选择了错误的经济路线，与经济规律南辕北辙，任何技术强大、实力雄厚的企业都会倒下。

## 第三节　现代企业应该是什么样的组织？

如今的商品经济社会离不开企业，企业是时代发展的产物，因社会分工的发展而成长壮大。远古时代没有发达的企业，人们以个人和家庭为单位从事生产和交换，但到了18世纪工业革命前后，生产力水平大力发展，大规模生产带来了更高的生产效率，家庭作坊的地位被企业所代替，于是企业开始作为社会基本经济单位，参与生产、流通、服务等活动。这时候，企业是经济社会的基本单元，独立完成某一项产品或服务的经营，而代表这个企业的只能是一个法定代表人，除此之外的股东、管理者或员工的民事行为不代表这个企业的行为。换句话说，企业是经济活动中最小的参与者，经济学研究都应当基于企业之上的经济现象，即企业参与的市场活动。

然而，正如物理学在发现分子之后并没有停止，科学家继续发现了原子、电子、夸克等更微观的粒子，管理学的多种流派也获得了深入的发展。稻盛和夫的阿米巴模式就是将经营的权力进一步下放，让每一个阿米巴单元自己作为经营者参与经营和管理；张瑞敏的"人单合一"也是鼓励基层团队直接"接单"，与客户形成更紧密的结合；IBM、华为的"以客户为中心"，本质上也是把业务的指挥棒交给客户，构建流程化的组织，让客户的需求直接驱动员工工作。这些管理思想共同的特点就是：企业平台化、组织虚拟化、管理去中心化。这样的模式虽然可能还没有成为主流，但吸引了众多企业家的关注，新兴企业（比如很多互联网企业）普遍尝试这些模式并取得显著的成果，这说明未来企业的模式必然是在内外两个层面进行经营。

这是历史的必然。马斯洛需求层次理论是迄今最被人们认可的人类需求分类理论，它将人类需求从低到高按层次分为5种：生理需求、安全需求、社交需求、尊重需求和自我实现需求。在物资匮乏的年代，大量的社会成员主要的需求必然是满足生理需求、安全需求等低层次需求，这时候劳动力过剩，企业是稀缺资源，员工愿意服从投资人和经理人的管理，以换取工作报酬。但随着社会财富越来越多，员工的地位发生了改变，"新生代"员工具有很强的独立能力，低层次需求已经不能满足他们的需要，他们往往还奔着自我实现的最高需求而去，追求全面的人性需求满足，这时企业这个平台的职能就应当与时俱进地发生变化，成为"新生代"自我实现的平台，满足他们经营人生的欲望，而企业的使命就是与这些人共荣共生。

作为一个平台型组织，其管理方法必然会发生一些变化，管理层对外经营公司，对内则必须像一个小型政府一样进行管理，这就会带来一系列变化。

首先，管理的目标发生了变化。传统企业组织的管理主要基于经济人假设和社会人假设。经济人假设认为员工到企业工作是为了换取生活需要的金钱，即满足马斯洛需求层次理论中的生理需求；社会人假设认为员工还需要安全、社交和尊重需求，因此可以通过激励让其发挥更大的能动性。传统企业组织的管理，核心是对人进行管理，驱动员工努力工作，使员工工作效率最大化，增强企业的盈利能力。而新型平台型组织是基于知识人假设的，认为员工有自我实现的欲望和能力，管理主要不是依靠外在的推力，而是营造成长的生态，此时管理的核心是建立规则，维护秩序，提高员工间协调和运作的效率，在员工的成长中获得企业的整体利益。这是一种与传统企业不同的主体与客体关系。

其次，企业经营的方式发生了变化。传统企业的经营方式是直接式参与，即领导者亲自参与企业的各项经营决策，从而实现组织目标。为此，企业需要一个以领导为中心的、自上而下贯穿的指挥体系，采用层层授权的科层体制，落实公司的战略和业务要求。但是，采用这种方式，当企业层级发展到一定程度时，行政传导效率将大大降低，企业将不可避免地患上大企业病。新型平台型企业组织的经营方式是间接式参与，企业以员工及其组成的团队为经营单元，管理机构只是制定政策和流程，提供经营活动的便利，提高企业内部运作效率，防范风险，对经营单元进行考核，奖优罚劣。这样，企业管理层即便不直接参与经营，也能通过员工的成功，使企业获得不断的发展。

再次，企业管理的重心发生了转移。传统企业的管理重心在于执行，战略制定得再好，执行不力等于零，因此领导者需要亲历而为，在执行中纠偏。新型平台型企业的管理重心在于协调，因为管理者不能亲自参与执行，为保障执行的效率和目标，管理者更需要"足不出户，决胜千里之外"，不是在执行中纠偏，而是预设好机制，应对各种场景的变化。

最后，企业治理模式发生了重大的变革。治理模式是指企业权力安排的方式，即如何通过授权，使管理者和员工履行职务和岗位要求，并行使监管职能。传统企业更偏向于"人治"，即通过自上而下的授权体系，层层赋予管理者相应的人员管理权和业务指挥权，并进行上下级的任免与考核。但是，企业转向平台型组织后，需要赋予这个平台更多的"法治"规则，将业务指挥权更多地交给基层员工和团队，以增加他们为客户服务的敏捷性，使他们得到实际的"独立经营"能力。

鉴于上述变化，平台型企业对管理提出了新的要求。例如，传统组织中不存在"员工作为经营者"这个概念，现在有了这种现象，那么员工和经营单位之间的关系究竟是竞争还是合作？经营者自己应当承担怎样的成本和风险？如何判断他们的经营行为是否符合企业的利益目标？如何防范破坏游戏规则的现象？这些显然是传统管理学研究较少，而经济学中可能有现成经验的内容，那我们为什么不去借鉴一些经济学方法，将其补充到管理学中呢？

凯文·凯利说："所有企业都面临死亡，但城市近乎不朽。"相比于企业，城市的不同在于其结构是多中心化的，其动力无处不在。换言之，城市里的每个人都拥有相当程度的自主权，能够追逐不同的目的，而不是在一种统一、严苛的秩序下成长，他们没有变成一台机器的零件。当他们实现了个人的成长，城市也就实现了繁荣。城市的永恒之道是提供若干条件，让无数人能够利用各种资源，在各种团队中自由成长、壮大，从而形成一种能量自我循环的生态。所以，城市永远拥有源源不绝的动力源，让各类潜能得以释放，变成实际的财富，一个企业消失了，另外一个企业很快又可以出现。更有意思的是，城市是开放的，永远有新的能量加入进来，从这个意义上说，全世界的资源都是城市的潜能，都可以被释放。

在深圳梅观高速龙华镇段的两旁，两个在中国赫赫有名的大企业仅一路之隔：富士康和华为。它们占地面积大体相当，各约80平方公里，但俨然是两个世界：富士康龙华科技园如同一座"紫禁城"，一切路人经此都要绕道而行，探不到一丝内部的秘密；而另一侧的华为是郊外的绿色"花园"，公司园区隔出几条纵横的道路，可以让任何行人和车辆穿过，这些道路被冠以冲之大道、张衡路、隆平路等名称，让每一个来到这座"公园"的人缅怀中国的科学巨匠。是的，华为就是一座城市，留住华为人心的是平台型企业。这个企业不是靠行政命令维系的，它是当代"以义取利，以利兴义"的典范。

像管理城市一样管理企业，平台型组织的管理使用的方法显然不能仅仅来自传统的管理学，平台型组织要融合经济学方法，从更宏观的视野进行管理。这样的企业自然而然地会承担更多的社会责任，成为国家经济稳定而坚强的后盾，我们应当更多地发展出这样的企业，使国家更加繁荣富强。

需要说明的是，平台型组织需要企业有一定的规模基础，不是每个企业都适合。中小型企业没有必要一开始就刻意建立生态，它们的任务是先在自己的主营业务上快速增长，这时它们可能需要借助别的生态，但自己还没有能力构建生态。随着经营规模的扩大，它们将迎来一个转型。但是，这种转型的机遇未必每个企业都能抓住，因为经营者有思维和习惯的惯性，可能会难以在既往成功的道路上调转航向。华为、腾讯、海尔这样的知名企业如果没有向平台化转型，或许就不会像今天这样成为焦点。

## 第四节　华为经济学的意义

研究平台型企业中的经济现象，首先需要选择一个好的样板，对其过往的经营方式和成功经验进行归纳，当然还要与其他企业进行对比。在现有的中外各种类型的企业中，华为是一个比较理想的样板，原因如下。

（1）华为具有足够大的规模和体量。在《财富》世界500强企业中，华为是少数几个用较短的时间冲入百强之列的企业之一，而且华为既非上市公司，又非那些依靠资本捆绑的邦联式大公司，因此它的规模含有较少的水分，具有殷实的基础。

（2）华为是最具代表性的转型企业。虽然很多互联网公司也是成功的平台企业，但互联网企业平地而起，比传统企业的发展要容易得多，没有经历过传统企业的转型过程，而华为为了转型，花费数十亿美元取经，放眼世界，很难找到如此有魄力之举，这里面蕴含了无数的宝贵经验，值得分析研究。

（3）华为的特立独行对经济学的反向研究也很有帮助。当前经济学的主流思想是市场经济，而大多数平台型企业对内部经营者也采取类似的管理思想，不加过多的干预，通过承包式的内部竞赛让优秀者在市场中自然胜出。但华为并非完全放任内部竞赛，而是有计划地组织安排，最大限度地利用好公司资源。研究这种现象或许有利于完善和发展东方特色的经济学。

本书研究华为管理实践中的经济现象，因此叫作《华为经济学》。这不是华为公司提出的概念，华为公司数十年的发展形成了自己的企业文化和经营环境，很多对华为管理方法的研究和学习都需要结合华为特有的背景、环境、业务、语境、术语等，所以很多没有华为经历的企业工作人员学习华为是存在一定困难的，而本书的目的是把更多人能够理解的经济学原理作为桥梁，让学习者和研究者能够比较华为的经营行为与自己经营行为的异同，从而帮助企业降低学习华为管理方法的难度。

本书按照经济学的几个主要领域分别阐述，包括以下4个方面。

（1）华为政治经济学。华为独树一帜的一点是华为不上市，但这并不是说华为没有募集股份。华为只面向全体员工募集股份，公司创始人任正非本人只占1.4%的股份，因此造成了员工既是经营者，也是股东的现象。这种企业财务结构回答了马克思代表的政治经济学中劳动本质、剩余价值归属、分工异化等问题，极大地鼓舞了劳动者的积极性，践行了马克思所预见的先进生产关系，是企业蓬勃发展的基础。

（2）华为的贸易观。国际贸易是国家之间的贸易法则，经济学的比较优势理论促进了全球化贸易的发展，每个企业都在其中担当一定的角色。但是，是否参与游戏、遵守规则就行了？事实证明，比较优势不能改变贸易地位，企业没有研发能力就没有核心竞争力。所以华为几十年来不走寻常的国际化道路，没有满足于既有的比较优势，而是发展绝对优势，特别令人想不到的是，华为还堵住绝对劣势，提前准备了备胎计划，在美国禁售令下屹立不倒。

（3）华为微观经济学。为什么那么多企业容易接受阿米巴经营模式，或者通过内部竞赛选拔优秀团队？因为这种无为而治的方式管理成本最低，这也符合市场经济原理。但是市场经济是一种事后调节行为，没有事前精细的科学管理，总会因为目标和过程的盲目性而遭受损失，市场经济的代价并不低。计划经济并非不好，只是它太难实施，然而华为的特点是不畏艰难，坚持不懈地计划先行，在滚动中提高计划工作的经验。在克服这些困难后，华为能够得到的是更好的经营效果。可以说，华为的经营方式也为做好计划经济提供了一个样板。

（4）华为宏观经济学。国家运用宏观经济学原理治理国家，这主要体现在财政政策和货币政策上，而在公司治理中也隐含着这种方法，这体现在公司的资源分配政策和财务管理政策上。华为在这两项政策上，一方面体现公平，奉行财散人聚的理念，大幅提高员工收入水平，另一方面又通过财政紧缩，鼓励员工有限度地认购股份，延迟消费，在最佳的年华保持奋斗者状态。

研究华为经济学具有十分重要的意义。首先，它可以使企业经营者更好地理解和学习华为的文化。当前很多企业学习华为的各种业务，从战略到研发，从营销到供应链，但这些是华为的外在能力，如果没有学好华为的内功，那么这些企业很快就会发现达不到期望的效果。学习华为应从内在开始，制度、流程、企业文化、经营思想，这些才是基础，才能真正改造一个企业，而有了这个内功，相信企业的每个员工都会自觉地、踊跃地去学习那些外在的功夫。然而，学习这种企业文化和经营思想，则需要从经济学和经营哲学上找到根源。人类总是趋利避害的，华为提倡不让"雷锋"吃亏，提倡艰苦奋斗，提倡团结互助，这些不是靠口号就能够解决的。过去人们忘我地奋斗，是为了实现一个崇高的目标，而当今人们保持艰苦奋斗，依然是为了更好的明天。所以任正非说华为是"以众人之私，成众人之公"，凡事还是要从员工利益出发，让大家明白团结协作才是实现个人目标的根本办法。公司提倡每一个员工学习雷锋的奉献精神，但公司的责任又是"我们决不让'雷锋'吃亏，奉献者定当得到合理的回报"（华为基本法第五条），这背后就是对经济学现象的深入洞察和运用。可以这样说，如果把经营哲学放在一个核心地位，学习华为的企业文化或许就不那么难了。

其次，华为经济学为公司治理升级提供可操作的指导。既然一个国家的政府可以运用经济学治理国家，那么我们能否用经济学治理一个企业呢？当然，很多企业已经对公司治理进行过梳理，但基于过去的经济环境和商业模式，大多数企业的治理结构都是科层制的，这不利于企业进一步壮大。科层制在企业的初级阶段能带来很高的行政效率，但进入一定的瓶颈期后，企业就很难摆脱大企业病，此时需要对公司治理进行再次调整，向平台型企业过渡。在这样的情况下，华为经济学将很有帮助。建设平台化企业是一次变革，并且是一次颠覆式的变革，它将动摇很多传统的、根深蒂固的企业经营理念。企业是否为股东服务，是否资金越多越好，是否鼓励多元化经营，是否鼓励承包式的内部竞争？现在这些问题似乎有着一边倒的答案，因为那么多企业把上市作为经营目标，那么多企业进行多元化经营而成为集团公司，那么多企业选择让员工进行承包式经营，但是华为经济学将证明这些做法是错误的，违背了经济的均衡性。这样的企业经营模式本身是一种客观存在，但一边倒就有问题，扎在一堆就是红海。如果有企业希望冲出红海，它就需要转型，通过平台化企业治理变革调转航向，在企业经营模式达到新的均衡之前获得有利的竞争地位。

再次，华为经济学可以为提升国家实力提供借鉴。中国的市场经济起步较西方社会晚，因此必须走中国特色的道路。如果完全按照西方世界制定的游戏规则走，中国一定落后于他国。中国政府的治理模式也是这个道理：大家都往西，我就往东，何必挤在一块？小政府有小政府的好处，大政府有大政府的优势，没有谁是绝对正确的，从过去苏联过于注重计划经济，到现在欧美的反全球化进程，大小政府都会出错，重要的是掌舵人不要偏离方向。中国面临的挑战是政府治理模式与企业能力矛盾的问题，中国的经济模式需要大企业的支撑，但国有企业普遍大而不强，民营企业难以做大，因此快速复制华为的经验十分有必要，而找出华为经营管理背后的经济学原理，就是找到了复制的基因，这对国家和民族极为有益。

最后，华为经济学可以发展和完善经济理论。西方近百年来一直思想活跃，犹如中国的春秋时代，各种思想的火花得以绽放。但是各种思想不是能够随意落地生根的，它们需要有合适的土壤。春秋战国的诸子百家没有一个是秦国血脉，但把思想贯彻得最好的是秦国，西陲蛮夷之地朴实的秦国人反而具有要干就干彻底的劲头。马克思的理论与西方普遍认同的自由经济有冲突，所以它在那里并没有实践的基础。管理界关于质量管理的理论几乎都是美国人总结的，但质量管理做得最好的是日本。而 IBM 创立的流程型组织，需要抛弃股东利益至上和个人英雄主义的思想，以客户为中心，充分发挥协同的作用，这在华为发挥得更充分。这一切说明，一套理论的诞生往往需要在特定的文化环境中得到验证和发展，华为经验背后必然隐藏着推动经济学、管理学发展的现实素材。

## 本章小结

本章作为引论，为读者做一下铺垫。

- 管理学研究企业管理的过程，但背后需要经营哲学的支撑。
- 企业经营中存在着经济现象，经济学可以帮助企业把握方向。
- 现代企业走向大规模经营，呈现出企业平台化、组织虚拟化、管理去中心化的特征，更加需要运用经济学原理进行公司治理。
- 华为是研究现代企业经济现象的现实样板。

第二章

华为政治经济学

华尔街是大股东资本主义，而华为员工都是一少点股份，做不了大富翁，属于"不三不四"主义，临时称之为——员工资本主义。

——任正非

## 本章概述

　　政治经济学是以生产关系为研究对象的经济学分支，即以社会生产关系及其发展规律、生产和再生产中人和人的关系作为研究对象的学科。恩格斯说："政治经济学，从最广的意义上说，是研究人类社会中支配物质生活资料的生产和交换的规律的科学。"之所以加上"政治"二字，是因为政治经济学需要体现政治要求，即一国政府和政党治理国家的理念。政治是以经济为基础的上层建筑，是各阶层经济利益的集中表现，是以国家权力为核心展开的各种社会活动和社会关系的总和。单纯的经济社会是不存在的，一个社会需要秩序，这就需要通过政治来表达，所以治理国家首先要确立一个国家的政治经济学理念。以此类比，治理一个公司也要首先明确一个公司的"政治"理念。

华为是一个较为另类的企业，强调以客户为中心，不以领导为中心，坚持不上市，以保障企业创造的价值为员工所有，强调集体领导，依靠规则管理企业。这些管理方法现在已经广为流传，但很少有人将其与马克思主义政治经济学联系起来。一直以来，政治经济学与管理学是用两种不同的"语言"在两个不同的"声道"中发声，本章将揭示二者的共振之处。理解了这一点，就可以将华为与奉行资本主义价值观的企业区分开来，否则，带着西方企业的思维模式去看待华为的管理，会产生思想上"真气相克"的现象。

## 导入案例：谁接手了贝尔实验室的创新大旗？

在群星璀璨的人类历史中，有一些历史人物被永远铭记在人们心中，比如牛顿、爱因斯坦、爱迪生等，但他们也是一定历史时期的产物，在他们之后，个人创造逐渐被集体创造所取代，其中最耀眼的星团当属贝尔实验室。

1925 年 1 月 1 日，AT&T（美国电话电报公司）总裁华特·基佛德收购了西方电子公司的研究部门，成立了一个电话实验室公司，以 AT&T 创始人、电话之父亚历山大·贝尔命名，叫作贝尔实验室。在 20 世纪二三十年代，贝尔实验室的研究人员推出了远距离电视传输和数字计算机，领导了有声电影和人工喉的开发。20 世纪 40 年代，贝尔实验室的两项信息时代的重要发明——晶体管和信息论，奠定了现代信息技术的基础。

20 世纪五六十年代，其重大发明有太阳能电池、激光理论和通信卫星，此外还有射电天文望远镜、数字交换机、Unix 操作系统、激光、通信网络和 C 语言等影响世界的发明成果。贝尔实验室在诞生后近 100 年间产生了近 3 万项专利，9 项发明获得诺贝尔奖。毫不夸张地说，美国乃至世界科技界的半壁江山是由贝尔实验室撑起的。

　　贝尔实验室人才辈出，按理说，这种创新的接力棒应该一代一代传承下去。然而，到了 1995 年，悉心呵护贝尔实验室的 AT&T 陷入了一场逐利资本和高管里应外合的绞杀。事情是这样的，1994 年美国经济复苏，股市开始上涨。AT&T 由于体量庞大，缺乏推动股价暴涨的故事题材，股价增速慢得像乌龟爬，这让掌握大部分股份的华尔街投资机构（主要是基金）和持股的高管们很不满意。于是，在华尔街投资机构和高管的合谋下，董事会很快通过了 AT&T 的拆分方案：AT&T 保留电信服务业务，电信设备制造业务则分拆出来成立朗讯，并拥有贝尔实验室，计算机业务分拆成立 NCR 公司。

　　1996 年 2 月，朗讯上市后，股价果然开始暴涨，到 2000 年股市泡沫破灭前，朗讯只用了 4 年时间，股价涨了 13 倍，市值达到 2 440 亿美元。华尔街的投资机构和朗讯管理层都发了大财。但是，公司的厄运开始了：朗讯虽然得到了原 AT&T 竞争对手 MCI 和 Sprint 公司的电信设备订单，销售额比 AT&T 分拆前增长了，但这种增长是一次性的。为支撑股价，朗讯走了一步险棋，借钱给中小客户买朗讯的设备，说白了就是赊销。朗讯的算盘是，这些客户赚到钱了，自然会把钱还上。但人算不如天算，2000 年互联网泡沫破灭，大量赊销朗讯设备的中小互联网公司破产倒闭，于是，朗讯的"应收款项"变成净亏损。

朗讯股价开始下跌。认涨不认跌的华尔街股东们不愿意了，他们向董事会施压。朗讯高管于是再次祭出神操作，把公司的无线设备部门 Avaya（亚美亚）分拆上市。不出预料，华尔街的股东和朗讯高管再次大赚一笔。朗讯的日子却一天不如一天，股价也从每股近百美元跌到每股 0.55 美元，最后被法国阿尔卡特收购，成立阿尔卡特-朗讯公司。

覆巢之下，贝尔实验室这颗科技界的金蛋也被摔得粉碎。科研本身需要投入，经过一定时间的转化后才能显现巨大的价值，并非今日投产，明日就能有产出的。实验室失去了 AT&T 的庇护，从此便成了资本后妈眼中的累赘，不断被转卖，并且忍饥挨饿，难以获得应有的研发投入，顶级人才开始出逃，大量进入谷歌这样的新兴企业，其中就包括 Unix 操作系统和 C 语言的发明人之一、编程界的"祖师爷"级人物肯·汤普森。最终，承载了无数荣光的贝尔实验室大楼最后的结局是被卖给新泽西州一家房地产开发公司，后者打算将其开发成住宅和商场。在被榨取了最后一点价值后，这座至高无上的科研殿堂灰飞烟灭。

1998 年，一个中国人怀着朝圣的心情拜访了贝尔实验室。站在半个世纪前约翰·巴丁发明晶体管的工作台前，53 岁的他看着眼前衰败的实验室百感交集："我年轻时代就十分崇拜贝尔实验室，仰慕之情超越爱情。"这个人就是任正非。从贝尔实验室归来后，他带领华为开始了更为激进的技术追赶之路。20 年后，华为拥有了自己的"2012 诺亚方舟实验室"，引领 5G（第五代移动通信技术）等新技术开发，站在了通信科技的制高点上，让贝尔实验室创新精神的大旗继续飘扬。

**案例分析**

为何很多美国科技企业最终衰落？本案例是最好的解释。在资本主导一个企业之后，企业盲目追求资本回报，为股东吸金，必然透支企业的发展能力。不断分拆，将优质资产快速变现，股东受益，但企业越来越小，失去规模效应。CEO 为提高股东回报而虚增盈利能力，使本应健康发展的企业走向病亡。资本的大量收益挤占了创新者的利益，企业流失的是真正的核心资产。凡此种种，资本只会"吸血"，而不会继续创造发明，造福人类。企业若想成长，就要远离资本。

# 第一节　企业的使命

2019 年 8 月 19 日，世界上发生了一个"不引人注目"的重要事件：美国商业圆桌会议（BRT）发布了一份新的企业使命宣言，将"企业的本职工作就是为股东赚钱"这个旧目标扔到垃圾桶里，宣言强调要为客户创造价值、投资于员工、促进多样性和包容性、支持我们工作的社区以及保护环境。之所以说"不引人注目"是因为太多人对此不屑一顾，包括很多知名学者，他们拥护诺贝尔经济学奖获得者弗里德曼的观点：公司组织所承担的社会责任只有一个，即使用自己的资源从事旨在实现公司股东利益的行为。在过往的利益相关人（stakeholder）与股东（stockholder）之争中，他们认为所谓的提倡企业为利益相关人服务，只能是句口号，没有现实的意义，因为如果不为股东服务，企业谈何存在，又如何为社会服务呢？皮之不存，毛将焉附！所以此次美国商业圆桌会议的宣言没有什么新意，只是一次老调重弹。

但实际上，这是一个非常重要的信号。商业圆桌会议是美国非常有影响力的商界组织，由近 200 位美国大公司的 CEO 组成，是美国商业社会的顶级精英集团，对美国的国策有很大的影响力。美国政府可以换届，但商业圆桌会议相对稳定，可以说是美国的影子政府。商业圆桌会议并非突发奇想，发布了这份宣言，事实上之前他们就发布过企业使命宣言。那时候，宣言的内容和弗里德曼的观点一致，认为企业的使命是为股东服务。但现在，商业圆桌会议突然如此转变，这意味着美国精英阶层已经对当前美国企业的兴衰进行了深入的分析和研究，意识到世界经济发展历史变迁所带来的变化，对新的企业使命达成了更高层面的共识：美国曾经拥有的不少著名企业，如摩托罗拉、通用汽车、朗讯等都失去了造福社会的能力，因此，企业的使命必须调整为以客户为中心，这是企业生存的根本保证。以客户为中心的企业使命在美国这个资本主义最发达的国家发起，这意味着资本主义进入了一个新的阶段，商业环境将发生根本性的变化。尽管企业的融资政策多种多样，不少企业在经营中尽量避免资本的约束（如"同股不同权"），但如果在社会意识形态上仍然奉行"企业为股东服务"，那必然影响企业界整体的经营导向，使很多企业短视地只顾眼前利益，这样既不利于自己，也不利于社会。

然而，在以客户为中心的企业使命上，华为走得非常靠前。任正非早在 20 世纪 90 年代末考察美国公司时，就接受了IBM 以客户为中心的经营理念，为此毅然决然地要求华为全面学习 IBM，不惜代价，坚定地要实现这项变革。这项变革的核心就是让员工的工作不听命于自上而下的行政系统，而是以满足客户需求为目标，以流程化运作机制为传导，让每个员工自我驱动，在为客户创造价值的过程中获得利益。这项变革导致华为不再是由火车头拉动的列车，而是每一节车厢都有动力的动车组，每一个环节都在努力地自我提高，于是这个动车组就不断地提速。

这或许是美国企图打压华为的根本原因。他们深知华为的管理方法融入了大量的美国经验，很多方法已经超过其师父IBM，如果任其驰骋，它恐怕会超过越来越多的美国高科技企业，威胁美国的根基。当前，对华为来说，最大的挑战恐怕不是美国政府的打压，美国政府的行为可以迫使华为放缓发展速度，为美国的企业争取一点时间，但华为在压力之下也会加快完善供应链结构，变得更加能够抵御风险。我们应当看到背后更严峻的问题：如果众多的美国企业调整了企业使命，实现了转型，华为将面对更多强劲的对手，而中国企业如果无视这一点，华为就可能陷于群狼围攻的危机之中。

然而，当前很多企业对"以客户为中心"的理解非常片面，因此不会注意到来自美国企业的威胁。他们普遍认为以客户为中心是天经地义的法则，哪个企业不是把客户视为上帝，尽心尽力地去服务呢？是的，尊重客户、服务客户这一点几乎每个企业都做到了，但事实上，他们只要环视一下四周，同样可以看到有多少企业的员工实际上是"以领导为中心"的，因为领导掌控着员工的收入和奖惩。要让员工也以客户为中心，这需要动摇一个企业的根本——科层制体制。

科层制理论建立在马克斯·韦伯的组织社会学基础上。他认为，从纯技术的观点来看，科层制是最符合理性原则的，是效率最高的。它在精确性、稳定性、纪律性和可靠性方面都优于其他组织模式。科层制理论为企业提供了一种高效率的、理性的组织管理模式，保障企业围绕股东利益而经营，因此它成了大部分企业的组织形式。如果一个企业的规模不大，员工是否以客户为中心这个问题并不重要，因为只要他们服从并准确执行经营者的意图，那么整个企业还是以客户为中心的，并且保持了高效运作。但是，当企业达到一定的规模时，仅仅依靠高层管理者的客户服务意识是不够的，例如，销售或者服务人员需要响应客户的要求，但整个组织其他岗位的员工都以领导为中心，销售和服务人员并不能直接调动这些资源，而要经过领导的协调，一来二去，随着科层体制的层级加深，协调效率会越来越低，企业便患上了所谓的大企业病。

因此，真正要落实好以客户为中心的企业使命，必须对企业的管理体制做较大的手术，让企业经历一个脱胎换骨的变革，成为平台型组织。在新的组织形式中，企业的员工不再只听命于领导的安排，而是在一套流程机制下把所有岗位串联起来，为客户服务。这里必须强调的是，企业需要有流程机制，而不是随意地让员工分组包干式地经营。分组包干、自负盈亏可以提高员工的服务意识和意愿，也能达到以客户为中心的目的，但这会使企业资源分散，难以提供较为系统的复杂产品和服务，也不能通过规模化的集约效应来降低成本。企业应当将业务经营权交给员工，但企业应保留管理权，通过制度而不是行政命令来管理企业。制度建设的核心是流程机制，因此最佳的以客户为中心的企业组织形式是流程型组织。

将以客户为中心作为企业的使命，对企业的经营管理有着十分显著的意义。首先，以客户为中心可以使企业员工明确经营的目标。以客户为中心告诉员工，企业的经营不是唯利是图，不仅要追求增长率和利润率这样一些财务目标，还应该追求技术进步和顾客服务质量提升这样一些较为无形的目标。如果一些项目目标不明确或发生冲突，一定要以客户利益为上，因为失去客户将失去一切。华为流行这样一些话："如果你想跟人站队，请站在客户那队……如果你的声音没人重视，那是因为你离客户不够近。"这些都是华为企业文化的表现。

其次，以客户为中心使员工自觉掌握服务客户的方法。很多企业嘴上挂着以客户为中心，眼睛却盯着领导的指挥棒，这是达不到服务客户的目的的。员工在行动和决策时不可能事事请示领导，很多情况需要自己决定，这时候唯一的准则就是要有利于客户。只要是为客户服务的，就是正确的。凡事请示领导再行动，是没有担当的表现。正如华为人常说的："讨好领导的最好方式，就是把工作做好……逢迎上级1小时，不如服务客户1分钟。"

最后，以客户为中心可以构建和谐的员工关系，提升战斗力。以领导为中心，必然引起钩心斗角，因为那是利益的唯一来源。以客户为中心，必然凝结出同志般的友谊，因为为了服务好客户，员工必须形成战斗团队，大家在一个战壕中，相互掩护，相互支援，共同流血流汗，共同取得胜利。这无疑是一个企业战斗力的来源。

企业使命的变迁给当下的企业带来了一个百年不遇的机会，这是一个现代企业与传统企业的分水岭。传统企业无论如何发展，都只是一棵大树，构不成生态，而以客户为中心的现代企业打造的是企业生态，无疑将拥有更旺盛的生命力。

## 第二节　华为为什么不上市？

华为为什么不上市？有人总结了三个理由：不差钱、要奋斗、无人区。"不差钱"是说华为有足够多的资金，其资金流通量已经相当于一家银行，并且华为的业务遍布全球，资产质量高，财务健康安全，不需要向社会融资。"要奋斗"是指华为要把股东的位置留给亲自参与华为价值创造的奋斗者，以资鼓励。"无人区"是指任正非担心股东把利益看得太重，影响公司的决策，妨碍华为为理想和目标而奋斗，导致战略短视而不敢进攻"无人区"。

其实这三个理由都是不成立的。首先，华为不差钱说的是当下的日子，而回到一二十年前，那时华为相当差钱。在2000年互联网泡沫破灭后的寒冬，华为卖掉旗下几家公司才换得"过冬棉被"，熬了过来。其次，华为给员工的股票是不可流通、不可转让、离职赎回的虚拟受限股，本质上是另外一种形式的奖励，它能让员工分享企业成长的红利，但员工并非真正意义上的股东。再次，不上市的确可以减少投资者对企业经营的影响，但这个问题是很容易解决的。任正非持有的股份只有1.4%，但他通过一票否决权便可以掌控公司的重大决策，尽管他从来没有行使过这个权力（因为华为的轮值CEO制度运行良好）。

华为不上市的原因在"华为基本法"中已经写得很清楚了，就是"知识资本化"。"华为基本法"第十七条的表述是下面这样的。

　　我们是用转化为资本这种形式，使劳动、知识以及企业家的管理和风险的累积贡献得到体现和报偿；利用股权的安排，形成公司的中坚力量和保持对公司的有效控制，使公司持续成长。知识资本化与适应技术和社会变化的有活力的产权制度，是我们不断探索的方向。

我们实行员工持股制度。一方面，（我们）普惠认同华为的模范员工，结成公司与员工的利益与命运共同体。另一方面，（我们）将不断地使最有责任心与才能的人进入公司的中坚层。

以上内容写在一个公司的基本法里，就注定了这个公司的性质：远离资本市场，用自己的劳动创造资本。这在资本潮涌的时代里是何等的豪言壮语啊！与之同时代的公司几乎都把目光聚焦在"外部输血"上，这样企业就可以立即获得活力，比靠自己从头打拼要少奋斗20年。然而，这样的企业有没有想过，企业的利润应该归谁？

在资本主义价值观中，利润的本质是资本的产物，资本投资的目的就是获得利润，在支付劳动报酬和运营成本后，利润就是对资本的回报。这样的观点显然是错误的，因为资本体现为资金，资金是有定价的，例如市场利率，而用有限的定价追求无限的利润，这是不对称的。或许有观点认为资本承担了风险，所以可以得到无限回报，但实际上风险也是可以衡量的，否则保险公司就没法经营了，况且，现在的公司基本上都是有限责任制，这从法律上也保障了风险不会无限放大。

马克思主义理论认为，利润是剩余价值的转化形式或现象形态，它源于资本购买的劳动力在生产过程中所创造的价值增值。从表象上看，企业经营是投资者预付资本所带来的结果，但实际上资本只是触发器、催化剂，生产经营的劳动者才是创造价值的主体。马克思将劳动划分为活劳动（劳动者在生产过程中脑力和体力的耗费）和死劳动（也称为物化劳动，是指凝结在劳动对象中，体现为劳动产品的一般人类劳动）两种形态，活劳动是创造商品价值的源泉和实体，死劳动作为生产资料，只能转移自身的价值。离开活劳动，生产资料本身只是一堆死东西，因此资本的回报可以在商品价值中体现，但利润应该是对劳动者的回报。

那么，究竟什么是活劳动？如果一个员工整日只知道按部就班地工作，他的劳动也会成为商品价值的一部分，但如何劳动和管理，这一切都是被人教授的、指使的，他自己犹如一枚棋子被拨来拨去，没有一点创新和改进，那么他对这个企业的贡献又在哪里呢？政治经济学家熊彼特认为："利润来源于企业家打破既有的均衡，也就是创新（生成要素的新组合），因为创新打破了'循环流转'的均衡状态，而那种供需均衡使企业的利润趋于零，此时率先通过创新打破均衡，激发新的消费需求，企业就可以获得超额利润。"由此我们可以认为，活劳动指的是贡献知识的劳动，因为知识是创新的决定性因素。

然而，仅仅把利润归结于知识仍然是不够的，因为在知识迭代的过程中，新知识往往是在老知识的基础上发展起来的，那么老知识的发明人如何在新一轮创新中得到应有的回报？如果利益总是被后来者占有，人们是否还会义无反顾、毫无保留地投入创新工作呢？这就需要将知识转化为资本。这种逻辑就是华为的利润分配基础：既有近期激励（奖金），又有远期激励（分红），这就是为什么华为要全员持股，让每个参与知识劳动的员工得到最合理的回报。

知识资本造就了华为特殊的资本结构。很多企业非常看重机器、设备等重资产，视其为企业的生命，为此也消耗了大量的公司利润，这样实际上并不一定有助于提高企业的竞争力。与国际企业的竞争，归根结底是知识资本的竞争，那些头部企业，如高通、ARM、谷歌等，无不以知识资本为核心资产。华为没有太多重资产，也不担心大把分钱，因为只要这些人聚集在一起，知识资本就不会流失，它是一种潜在的、无形的、动态的、能够给企业带来价值的保证，能够迅速变现为账面价值。

华为不是排斥资本，只不过是把资本与员工创造的价值有机结合了起来，把员工劳动价值转化为资本。所以任正非在接受北欧一些媒体的采访时即兴创造了一个新名词：员工资本主义。他这样回答记者的提问："华尔街是大股东资本主义，而华为员工都是一少点股份，做不了大富翁，属于'不三不四'主义，临时称之为——员工资本主义。"华为原来的很多竞争对手，如加拿大北方电讯、阿尔卡特-朗讯、诺基亚西门子，以及摩托罗拉这样的企业，无不因为华尔街的"抽血"而纷纷衰落，可以说华为的胜利首先赢在了"政治正确"这一点上。

关于资本市场，我并非要对其一概排斥，资本市场是长期资金市场，是金融市场的重要组成部分，它使企业通过借贷融通活动搞活经营。华为于2015年、2016年和2017年在境外发过4次美元债券，共计45亿美元。2019年9月11日，华为向中国国内资本市场提交了两期债券的申请，各募集30亿元，主承销商为中国工商银行，评级机构为联合资信评级，主体长期信用等级和债项评级均为AAA，这是华为在境内债券市场的首秀。华为也知道，融资有利于提高资金的使用效率，帮助企业提高经营业绩，因此华为会在合适的时间，通过合适的方式参与资本市场，只不过表现得非常理性。

我们从华为这种基于劳动资本、知识资本的经营理念中，应当得到下面这样一些启示。

（1）务实理性地经营业务。当前资本市场中许多一夜暴富的神话，引起了很多人的神往，因此他们创办企业的目的是去资本市场套现，而不是真的踏踏实实创办实业。这无疑是一种赌徒的想法，他们即便成得了一时，也绝对成不了一世。世界上还没有哪一家企业能靠赌运走到底，在那些曾经风光的《财富》世界500强企业中，倒闭最多的就是金融企业。因此，企业仍然要务实为本，量"需"而"融"，一切为了企业的经营目标，一切为了企业的财务健康。

（2）保持企业经营的主导权。企业由谁掌控，直接影响企业的发展方向。资本所有者掌控企业，必然更多地关注资金的效率和安全，这是他们最擅长的专业。这本没有坏处，但企业竞争犹如战场厮杀，往往需要出奇制胜，因此决定胜负的是战略谋划和战斗经验，企业需要由始终站在业务岗位上的人来主导。虽然也有杰出的资本家能够通过恰当的授权完成经营，但这种寄希望于领导者个人，而不是企业稳定机制的管理方法总是不确定的。华为的原则就是让企业永远掌握在最懂业务的人手中。

（3）给功臣和奋斗者最大的回馈。业务骨干和奋斗者是企业发展的中坚力量，他们可能不是危急时救命的"外部血液"，但确实是机体里的"造血干细胞"。所以，外部资金输血用来保命即可，关键还是要靠自身的康复和健康维持能力，企业挣钱的目的是给机体补充所需要的食物营养，而不是靠买药来续命。

## 第三节　劳动价值与绩效管理

奉行知识资本化，要如何衡量贡献者的贡献大小呢？这本质上是一个绩效管理的问题。所谓绩效管理，是指各级管理者和员工为了达到组织目标，共同参与的绩效计划制订、绩效辅导沟通、绩效考核评价、绩效结果应用、绩效目标提升的持续循环过程，绩效管理的目的是持续提升个人、部门和组织的绩效。

在绩效管理中，绩效考核评价是最基本的环节，它是指考核主体对照工作目标和绩效标准，采用科学的考核方式，评定员工的工作任务完成情况、员工的工作职责履行程度和员工的发展情况。常见的绩效考评方法有 BSC（平衡计分卡）、KPI（关键绩效指标法）及 360 度考核等，这是对员工贡献大小的评估。企业有了绩效考评，才可以把结果相对公平地应用于奖励和资本转化。

绩效管理本是一套比较完善的理论和方法体系，但现实中很多企业往往用得不好，例如企业在评价销售人员业绩和应用奖惩时，往往把绩效和销售额这样的量化指标挂钩，但这是不公平的，因为这种挂钩可能上不封顶，那其他岗位的人员呢？他们可能付出同样的劳动，却没有这样的参照，于是干得再好也基本上只能拿到平均回报。

这里面涉及政治经济学的劳动价值论问题。劳动价值论是由马克思创立并完成的，其内容是：商品具有二重性，即使用价值和价值。使用价值是商品的自然属性，具有不可比较性；价值是一般人类劳动的凝结，是商品的社会属性，它构成商品交换的基础。企业交付的商品既可以是产品，也可以是服务，所以销售服务可以被视为凝结在商品中的劳动之一，它也具有二重性，即销售服务价值（具体的）以及对企业而言的价值链在销售环节的价值（抽象的）。

马克思的一个突出贡献是，他把价值定义为"凝结在商品中的无差别的人类劳动"。既然是无差别的，那么企业销售人员和其他岗位人员（无论是研发、生产还是会计、后勤）都应该同工同酬。华为从来不给销售人员提成，而是严格地采用 BSC 方法，让不同部门、不同专业、不同性质的工作拥有统一的衡量标准，真正实现了对员工劳动价值的评价。

马克思在经济学中抽象出劳动价值，意义深远，同样，华为基于价值的管理在企业管理方面也有十分重要的意义。当大部分公司还着眼于劳动的差异性（如对销售人员、研发人员、财务人员的差别化管理）时，华为却更加关心劳动本身的价值，无论岗位和专业有何差异，它们都是企业价值链的一个环节，对公司来说都是价值创造，谁的贡献越大，谁得到的回报就越大。

这种理念是华为管理的基石。首先，基于价值的管理是华为人力资源管理的核心目标，企业的经营首先是人的经营，每一个员工在组织中都要有价值发挥，无效的员工或岗位就是对组织的破坏，并且会扩大影响。其次，注重劳动价值本身而不是岗位价值，可以使员工形成合力，团结协作，让群体发挥更大的作用。再次，激发出人的能力是最重要的，组织有了活力，就有了奋斗的动力，就会精益求精地把各项业务做好，追求价值最大化，这样的团队可以无往而不利，无论在哪个行业都可以取得佳绩。事实证明，华为从原来的电信运营服务提供商，到涉足手机这样的零售业务，以及云业务、企业服务等，只要想做，它就一定能做好。

　　从根本上讲，华为的管理不是围绕着电信行业，也不是围绕着手机，而是围绕着劳动价值的管理。这个管理过程可以用于电信行业，也可以用于生产拖拉机（任正非曾经想把华为卖给摩托罗拉，转去生产拖拉机，因为凭借华为掌握的 IPD 研发能力，他有这个自信）。这套管理方法的核心就是管理好劳动价值的"创造、评价和分配"三个环节。一个企业的价值在于能够持续有效地增长，因此人力资源管理的核心目标是使员工全力为客户和企业创造价值，这一目标能否实现，取决于如何评价员工的价值贡献和如何分配企业创造的价值与剩余价值。

**全力创造价值**

　　企业最重要的工作是围绕价值创造做好人力资源管理，这是企业的核心。为什么小米加步枪可以打败洋枪洋炮？决定胜利的因素是人，而不是武器。一件好的武器是在历史的战争中总结出来的，但它永远会遇到新的战争中的新问题，而面对新问题，武器可能束手无策，人却总是能找到新办法。一个企业面对挑战，能够依靠的永远是人！

　　加拿大北方电讯在 2009 年 1 月申请破产，立即引起同行的关注，因为作为一家百年老店，北方电讯的既有资产还是非常有价值的。于是爱立信忙着抢技术，以 11.3 亿美元买下 CDMA（码分多址）和 LTE（长期演进技术）资产，苹果、微软、爱立信等组成的财团以45亿美元收购了北方电讯的6 000多项专利，诺基亚则忙着抢客户资源，将北方电讯原本的一些客户资源赶紧扒拉到自己这里来。而华为呢？他们却忙着抢人，在北方电讯门口蹲守着，想方设法一个接一个地把北方电讯的人才邀请过来。

任正非说："企业的最终目标只有一个：商业成功。任何先进的技术、产品、解决方案和业务管理，只有转化为商业成功才能产生价值。"在任正非看来，只要有人才，那些技术、专利、客户都不是问题，人才才是根本，有了人才就能够发明专利，研发出新技术，拓展客户资源。只要抢到了人，就行了。可以说，华为崛起得如此之快，在手机、芯片、通信设备、5G、专利等方面，都展现出了火箭般的速度，背后比拼的都是人才！

华为全力创造价值的人力资源机制造就了充满战斗力的奋斗者文化。奋斗精神是企业持续发展之魂，忠诚的奋斗者才是企业最大的财富。在一个追求奋斗的团队中，懒人、庸人、滥竽充数者将无地自容，企业可以健康发展。"以客户为中心，以奋斗者为本，长期坚持艰苦奋斗"成了华为人的座右铭。

### 正确评价价值

正确评价价值就是正确地做好绩效考评，这是人力资源管理的核心职能。企业需要运用科学的方法、标准和程序，对和劳动者贡献价值有关的绩效信息（业绩、成就和实际作为等）进行观察、搜集、组织、储存、提取、整合，并尽可能做出准确评价。要真正做到对劳动价值进行考评，而不是仅仅针对劳动形式进行考评，需要在人力资源管理中做到以下几点。

首先，价值导向要清晰。以价值评价为导向，需要做到以下几点。

（1）责任结果导向。评价一个人不能单以能力来评价，必须以责任结果为导向。能力再强，没有完成责任，没有工作结果，也不能给予好的评价。因此，每个岗位都应该具体和量化考核目标，这样才能评估结果，即使对财务、内勤这样的内部服务部门，也要衡量出员工对提高收入、降低成本、提高效率、降低风险等的贡献。

（2）贡献导向。待遇体系要强调贡献，并且要强调持续贡献的能力，如果一个人能持续为公司做出贡献，公司就应该给他更高的回报。

（3）商业价值导向。所有员工的贡献都必须以客户为中心，让客户满意，这样才有价值。当然，这种客户未必全部是外部客户，部门之间也是内部客户，服务好内部客户也是为企业做贡献。

其次，方法与标准要系统和有效。对员工贡献价值的考核，要关注不同性质的岗位工作与销售收入、利润和现金流的关系，围绕公司战略目标解码，建立各部门 KPI 指标，并统一 BSC 的财务、客户、内部运营、学习与成长 4 个维度上的考评，这样就能评估抽象的劳动价值，使绩效考评趋于公平，使贡献与成本对比清晰，持续促进人均效益的提升和企业的增长。

再次，要避免绩效考评误区。基于价值的绩效考评可以避免许多常见的工作误区，例如：受学历、认知能力、工龄、考试成绩、做假行为和内部公关的影响，识别不出真正的贡献；奖励出工不出力、效率低下者，为苦劳而不是功劳买单；"唯技术"或者"唯销售"，价值链上厚此薄彼；以领导为中心而漠视客户需求，没有创造应有的价值。

## 合理分配价值

价值分配是对价值绩效考评的应用。任正非认为，公司的运作应当是一种耗散结构，应当让公司在稳定与不稳定、平衡与不平衡间交替运转，这样才能在更高的水平上形成新的稳定、均衡和优势，使公司保持活力。因此，任正非舍得分钱是一种智慧和艺术，他不会守财度日，而是破釜沉舟，让华为永远处于斗志昂扬的状态。

华为价值分配的指导方针是以奋斗者为本，向贡献者倾斜。华为公司的价值分配制度建立在劳动、知识、企业家和资本共同创造的基础之上，由价值创造要素的贡献决定价值分配结构，其中重要的是处理好按劳分配和按资分配的关系。华为倡导劳动所得优先于资本所得，通常，员工的劳动所得与资本所得的比例是 3 : 1。这些资本所得也是员工的，因为华为是面向员工的全员持股公司。

作为价值分配的主要形式，薪酬管理要解决好 4 个基本问题，即回报什么、怎么给回报、回报多少以及支付能力。所谓回报什么，是指公司报酬的导向，华为是按贡献付酬，强调"茶壶里的饺子倒不出来"是不被承认的；怎么给回报是指各种报酬形式的定位，比如，工资是回报什么的，奖金是回报什么的等，应当明确定位，报酬体系只有结构合理、定位清晰才能发挥最大的作用；回报多少的确定一是要考虑外部劳动力市场的报酬水平，再就是权衡内部应拉开多大差距，有差距才有动力；支付能力是在期望和可能之间找到平衡，以使报酬政策保持稳定。合理、适度、长久，是华为人力资源政策的长期方针。华为价值分配的方针包括以下几点。

（1）向奋斗者、贡献者倾斜。对华为来讲，价值评价系统实际上是把员工的奉献和对奉献的回报紧紧地联系起来，使职工看得着，这就是不让"雷锋"吃亏，奉献者定当得到回报。

（2）导向冲锋。企业对冲锋陷阵的人加强激励，就能带动全体员工前赴后继，这样企业就会越打越强，越战越勇。

（3）不让"雷锋"吃亏。华为公司奉行决不让"雷锋"吃亏的源远流长的政策，坚持以物质文明巩固精神文明，促进千百个"雷锋"不断成长。

（4）利出一孔。华为要求从高层到所有骨干层的全部收入只能来源于华为的工资、奖励、分红及其他，不允许有其他额外的收入，从组织上、制度上堵住了从高层到所有骨干层中的个人谋取私利，通过关联交易侵害集体利益的行为。

（5）保障企业的可持续发展。效率优先，兼顾公平，可持续发展，是华为价值分配的基本原则，因此华为设立了只能有限度地增长的原则，工资的增长率一定要逼近经济增长率，不透支未来。人力资源政策充分应对未来宏观生存环境的变化，越是业务发展顺利时，越要思考危机，充分考虑潜在的风险，不对员工做过多承诺，不让企业背上包袱。

（6）促进组织均衡发展。老是加强"强的环节"，"弱的环节"越来越弱，企业就会支撑不下去，所以价值分配要解决短板问题，促进人员内部流动，让每一个链条都发挥作用，增强组织活力，提高核心竞争力。

（7）防止食利阶层对企业的威胁。企业发放的高工资、高福利要与员工付出的劳动对等，否则那些食利阶层将对企业造成巨大的破坏。

## 第四节　集体领导与群体决策

华为有一种特殊的领导模式，即 CEO 不是一个人，而是一个团队，当然这个团队也有一个领头人，但不是固定的，而是轮值的。大约在 2004 年，美国顾问公司帮助华为设计公司组织结构时，提出来要建立 EMT（Executive Management Team，经营管理团队）。任正非不愿做 EMT 的主席，于是华为就开始了轮值主席制度，由 8 位领导轮流执政，每人半年。经过两个循环，轮值主席制度演变为 2011 年的轮值 CEO 制度，2018 年轮值 CEO 制度改为轮值董事长管理公司。轮值董事长在当值期间是公司最高领袖，对内聚焦公司的管理，领导公司董事会和常务董事会，带领公司前进，轮值董事长的轮值期也为 6 个月。

轮值的好处是，每个轮值者在一段时间里担负了公司 CEO 的职责，不仅要处理日常事务，而且要为高层会议做准备、起草文件，这大大地锻炼了他们。同时，当值 CEO 必须从全局出发，否则就无法得到别人对他的决议的拥护。这样他就将他管辖的部门带入了全局利益的平衡，使公司得以均衡成长。

这是一种民主的管理方式。通常，单纯的民主方式并不好，对不同意见的协调成本很高，决策效率往往十分低下，所以企业一般都采用民主加集中的方式。任正非保留一票否决权，也是为了在关键时刻可以把控全局，但实际上他并没有使用过这个权力，说明这个制度运行得很好。这背后有什么原因呢？有人说，华为这种集体领导是为了保证决策的正确性，避免个人决策时容易犯的片面性、主观性错误。这当然是一方面原因，但往更深层次分析，我发现华为治理模式的基因也是符合经济学原理的。

马克思的科学社会主义理论提出了公有制概念，它是一种相对于私有制的经济制度。在这种制度下，生产资料私有制消失，生产资料不能被排他性地占有，例如，目前中国社会有"国家所有"及"集体所有"两种公有制。公有制与私有制的含义并非体现在消费品的分配上，不是说人们生产的产品以及个人财产和财富都要归公或者归私。公有制是指生产过程中的生产资料要公有，这样才能发挥大规模生产协作的作用。如果生产资料归私人所有，那么每一次协作都要先在私人之间达成利益上的一致，这样显然效率低下，不能满足社会化大生产的要求。所以公有制不是替代私有制，而是升级了私有制。

股份制公司是否就实现了马克思提出的那种公有制？这里比较容易产生错误的认识，认为股份制公司允许一般老百姓购买股票，因此其资产是一种公共资产，这有一些"集体所有"的性质。但实际上，马克思所说的公有制对所有者也有要求，即必须是代表先进生产力的劳动者，因为只有一线的劳动者才能具有可靠的经验，把握企业的发展方向，组织高效率的生产。股份制公司虽然能实现资产公有，但不一定能走上正确的道路。如果被脱离业务实际的资本掌控，盲目追求利润，股份制公司也只能在"私有"的道路上走到黑。华为正是马克思所说的公有制设想的那种企业，98.6% 的股份被员工持有，这让企业的命运掌握在劳动者手中。

公有制与集体领导有什么关系？华为用实践给出了一个答案。作为一个生产资料集体所有的企业，重要的是让生产资料说话，而不是让资本说话。股份制公司让资本说话，股东会是公司的最高权力机构。但是股东再多，他们的目标也只有一个：让公司多挣钱，尽一切努力提高投资回报。因此他们之间不需要分工合作，只要委托一个职业经理人打理公司就可以了，这样，股份制公司实际上在大部分时间里都不是在民主的管理方式之下运转的。但是如果一个企业是让生产资料说话的，即由使用生产资料的劳动者主导的，这就会变得很复杂。这里首先需要延展一下"生产资料"的概念。在马克思所处的时代，生产资料主要是工厂，主要体现为机器设备等，但发展到今天，很多无形资产更加重要，比如人的专业知识。既然如此，现代企业的生产资料就要比资本更具体，有的与生产相关，有的与销售相关，还有的与服务相关。这些生产资料的代言人（即企业各领域的高管）都会有各自的经验，对问题的看法可能不尽相同，这与股东们一致追求高额投资回报是不同的。在这种情况下，他们就不能简单地委托某一个人作为全权代表，而必须用民主协商的方式达成一致意见，于是华为诞生了轮值CEO制度。任正非于2011年写了一篇文章叫《一江春水向东流》，他在这篇文章中有一段话是这么讲的："轮值CEO制度是迫不得已的最后确定下来的，我们看到在轮值CEO决策下面，每个董事长、每一个轮值CEO在轮值期间，都是公司的最高行政首长。他们负责将公司的科研方向，人事制度建设，产品质量与销售市场等各个方面的管理权力进一步细化并负责任地交给下级管理层。也就是各个事业群体与各个区域的推动扩大并且合理进行。这比将公司的业绩与成功系于一人的制度要好一些。每个轮值CEO在轮值期间都奋力地牵引公司前进。即使在轮值期间有哪一位CEO走偏了，下一任的轮值CEO会及时去纠正航向，帮助华为这艘大船能够及时地拨正船头，避免问题累积过多而得不到解决的情况的发生。"

华为的管理团队是多层级的，在各个不同的业务和管理层面，华为都可以由各职能和业务管理人员组成联席会议组织。管理团队在华为的不同层级、不同领域有多种形式，除了EMT以及轮值CEO外，还有各种管理团队组织。比如，IPMT（Integrated Portfolio Management Team，集成组合管理团队）是IPD体系中的产品投资决策和评审机构，负责制定公司研发的总体使命愿景和战略方向，对各产品线运作进行指导和监控，并推动各产品线、研发、市场、销售、事业部、服务和供应链等部门之间的协作，制订均衡的公司业务计划，并对新产品线的产生进行决策。SDT（Sales Decision Team，销售决策团队）是销售机构（地区部、代表处等）的销售业务决策团队，由销售区域的代表以及分管客户关系、解决方案、服务交付的副代表等组成，对销售合同签署等重大事项进行集体决策。AT（Administrative Team，行政管理团队）是华为落实人力资源管理的一个重要环节，它承担了诸如人员评议、干部选拔考察等多项职能。在快速发展的前提下，它用组织的形式来提升人力资源管理决策质量，用集体决策的形式杜绝个人偏见。

　　管理团队多为虚拟组织，不是固定的实体部门，而是一种联席会议形式，其任务多为仲裁式决策，而非直接的发号施令。这种方式也造就了华为奇特的管理决策链次序——自下向上的决策。高层以仲裁的方式进行决策，因此问题必须由下级提交发起，如同一次诉讼必须有一个起诉人。那么，高层的想法和意向如何表达和落实呢？他们的要求作为执行团队的一项输入（注意不是命令）而存在，执行团队必须结合其他信息，经过论证后，制订详细的行动方案，然后请求决策执行。例如，曾经有一段时间，任正非从当时华为的定位和能力的角度出发，认为华为适合做运营商业务，不适合做手机这样的零售业务，对于不断有人提出的做手机的建议，他拍着桌子说："华为公司不做手机这个事，已早有定论，谁再提这事，谁下岗！"但是，华为的研发团队已经在 IPD 方法的指引下进行着各种方向的研究，任正非的命令只是作为一项参考意见，研究团队还有其他分析因素，比如手机市场空间、网络与终端的相互影响、竞争对手的策略等，把这些因素综合起来分析可以得到更合理的结论——手机业务不能丢弃。任正非也是非常明理之人，带头开展自我批评，及时地纠正错误，不再固执己见，使得华为的手机业务扬帆起航。

　　一个领导者的指令没有被基层采纳和执行，这在很多企业和组织中是不可想象的，但在华为确实存在。任正非自己说：

"这十几年来，华为是集体管理决策机制，所有的决策都不是我做的，我只是有发言权，跟大家讲讲我的想法，其实他们有时候也不听，我的很多想法也没有被实施。"为什么会有这种现象？因为手机团队的负责人是对手机业务相关的资产负责的，包括生产资料和团队，手机产品线如果解散，对这个团队来说将是一个损失，因此他们必须为维护自己的资产和利益而努力，而他们的专业性也能给手机业务提供最科学的论证。

华为的集体领导与群体决策机制来自 IBM 提供的咨询辅导，并非直接来自马克思的公有制理论，但我们现在用马克思主义政治经济学原理来阐释这一机制，既证明了华为接受西方企业管理并进行探索的正确性，也验证了马克思主义原理是全世界人民共同发展的经验。

这里需要强调的是，华为这种自下而上的决策链次序非常重要，给企业管理带来了下面这些新的特点。

(1) 支撑企业平台化运作的去中心化要求。通常一个企业的决策活动方向是自上而下的，由高层做出决策，向下传递后落实。但是自下而上倒序后，企业就能实现去中心化。决策的主体首先是基层团队，只有在拟订了一些方案后需要高层选择，跨部门问题需要高层仲裁，以及一些需要高层管理和控制的关键决策点这样的时刻，才需要高层介入，这减少了高层直接参与业务所耗费的时间，使高层转而聚焦于战略发展和调控管理。

（2）选择式决策。基层团队在申请高层决策时已经有了明确的方案，因此申请的内容是请领导选择 A 方案或 B 方案，或者对于团队的某项请求给出"可以"或"不可以"的答复。高层领导不会像传统组织那样接受一个问答题，为了一个问题亲自搜集信息并加以分析，通过自己的思考做出决策。如果某个基层团队申请的方案论证不清楚，它将不会被通过，这样这个团队的工作将滞缓，利益遭受损失，因此为了在汇报会上迅速地一次通过，申请团队必须做足准备，这加强了基层团队的责任意识。

（3）主动协调优先。当一个团队的工作需要其他团队协同时，他们不能寄希望于依靠中枢力量的指令而得到帮助，而是主要依靠自己与相关团队进行协商，寻求共赢的解决方案。当然，对于难以达成一致的问题可以申请仲裁，但此时双方必须经过了充分论证，这样领导仲裁时才可以快速做出判断。

搞活经济就是要从基层做起，激发他们的创造力和奋斗精神。苏联的三个经济问题（生产什么、怎样生产和为谁生产）都是由政府决定的，生产关系脱离生产力，所以那样的治理模式会失败。中国则发展社会主义市场经济，注重多种经济体并存，所以经济得到快速发展。当前中国的很多企业大而不强，就是因为基层缺乏活力，华为的集体领导和群体决策机制值得学习。

## 第五节　以奋斗者为本

华为的人为什么那么勇于奋斗？除了有尊重员工劳动价值的机制之外，华为对人才的选拔也有考量。任正非说道："我们将引入一批'胸怀大志，一贫如洗'的优秀人才，他们不会安于现状，不会受旧规范的约束……在华为有人也会贪图安逸，不思进取，沦为平庸。我强调必须往前。人力资源体系就是要明确如何引导队伍去奋斗。"

"胸怀大志，一贫如洗"的人是一些什么样的人？马克思提出了一个叫无产阶级的概念，无产阶级是指那些出卖劳动力（包括体力和脑力），不拥有生产资料和生产工具，劳动成果大部分被资产阶级剥削，并为社会创造主要财富的阶层，包括大部分的体力和脑力劳动者。马克思用"无产"与"资产"划分两个阶级，实际上是给两类人各定义一个名词，本质目的是区分劳动者和食利者。但实际上，的确有一部分人既劳动又食利，这个现象随着人民生活水平的提高而越来越普遍，所以"一贫如洗"者越来越少。那么为什么华为人能够奋斗呢？实际上，华为人首要的条件是"胸怀远大"。胸怀远大者，具有崇高的理想，而一贫如洗是相对于他的理想而言的，二者差距太大。人只要有了这个巨大的落差，就有奋斗的动力。有的人目标就是 100 万元，当得到 100 万元后他就满足了，不去奋斗了；有的人坐拥 1 000 万元，但他的目标是 1 亿元，他仍然感觉没有钱，自己一贫如洗，所以他会去奋斗。华为选择"奋斗者"这个概念的目的是划分出一类为实现自我价值而奋斗的劳动者。

华为对内部员工有一个"奋斗者协议"，签署这个协议，员工就成为"华为奋斗者"，不签，员工就是"普通劳动者"。成为奋斗者的员工在年末会获得相当于半年以上工资的年终奖金（普通劳动者最多只有相当于一个月工资的年终奖），并且可以获得内部股票配额而参与分红，但有一个必备条件：自愿放弃带薪年假和非指令性加班费。有人批评这是违背《劳动法》有关员工带薪休假的规定的，但实际的情况是下面这样的。

（1）《劳动法》只规定一周 7 天必须休息 1 天，其余 6 天总的工作时间不超过 44 小时，而华为在 5 天工作制基础上每月只加班 1 天，按章计算加班费，这比很多民营企业、私营企业规范了很多。

（2）华为没有带薪假，但不是不能请假，只是折算掉工资罢了，以华为的薪资水平，折去法定假日的薪水也比同行业水平高，况且那每个月 1 天的加班也可以抵扣，员工实际上没有多大损失。

（3）必要的指令性加班还是算加班费的，只有那些非指令性加班才不算，这实际上也防止了企业为那些无效和低效的加班支付成本。换句话说，华为并不鼓励加班，而我们看到的华为加班现象，是作为奋斗者的员工，出于将工作视作自己的事情这样的责任心而产生的，这是一个经营者自然具备的"老板"心态。

说到底，这个协议无非是用以区别员工是否有实现自我价值的意愿。这个组织要向这些奋斗者分配剩余价值，就需要对这些奋斗者提出明确的要求，需要奋斗者表个态。华为并非冷血工厂，任正非说："我们要允许一部分人不是积极的奋斗者，他们想，小家庭多温暖啊，想每天按时回家点上蜡烛吃饭呀，对这种人可以给予理解，这也是人的正常需要。只要他们输出的贡献，大于支付给他们的成本，他们就可以在公司存在。或许他们得到的报酬甚至比在社会上其他地方得到的稍微高一点。"但是，企业要生存下去，员工不能全都成为不积极的奋斗者，企业还需要有成效的奋斗者，任正非说："我们处在一个竞争很激烈的市场，又没有什么特殊的资源与权利，不奋斗就会衰落，衰落后连一般的劳动者也保护不了。我们强调要按贡献拿待遇，也是基于这种居安思危。"

华为为什么如此重视奋斗者？从政治经济学角度看，奋斗者代表着先进的生产力，这就是马克思坚信的无产阶级的力量。为什么无产阶级具有先进性？因为无产阶级掌握着先进的工业生产技术，是时代生产力的创新者和实践者；无产阶级由于生产实践长期形成的纪律性、组织性强。这里表达了两个含义：第一，无产阶级始终站在生产的第一线，掌握生产力发展的方向；第二，无产阶级不是靠个人，而是靠集体形成的组织来体现战斗力的。

追求资本回报是资本主义的思维，以此为目的的企业最为关注的是商业利益，它们没有精力深入研究业务本质，因此只能在宏观的资本投资回报层面进行判断乃至赌博。往往资本越发达，毁掉的伟大企业越多，葬送的卓越企业家也越多。北美曾经有许许多多的优秀企业，比如惠普、王安电脑、摩托罗拉、朗讯科技、加拿大北方电讯、AT&T、雅虎等，都在风光无限后黯然失色，不少进入"死亡名单"或者"病危名单"，这些企业都是正值青壮年时被资本追捧，却不幸被金融资本控制，成为资本家操控的"牵线木偶"。

作为华为的师父，IBM 在郭士纳治下创造了以客户为中心的流程型组织，其前进的速度却比不过徒弟。2004 年 IBM 宣布退出个人电脑业务，向服务业转型。由于转型充满未知的风险，IBM 的 CEO 塞缪尔·帕米萨诺受到股东谴责，被要求下台。塞缪尔承诺以 700 亿美元回馈股东，但一名法人股东仍不满足。塞缪尔敢怒不敢言，忍气吞声地问："那你觉得多少才算够？"最终结果是，在 2000 年到 2014 年间，IBM 在股票回购和分红上支出了 1 380 亿美元，而用于企业发展的支出仅有 590 亿美元，其中还包括 320 亿美元的收购支出。2019 年，华为在《财富》世界 500 强的排名中已经名列第 72 位，领先 IBM 20 个名次。

西方企业衰落的教训使任正非对资本产生警觉，所以华为走上了利润分配向奋斗者倾斜的道路。这里的奋斗者不是少数几个人，而是全体员工，当然其中有少数中坚力量，他们的作用是带领好团队，让每一个岗位上的人都发挥作用。苹果公司的成功离不开乔布斯，这位伟大且杰出的企业家、发明家以一己之力挽救公司于危难，并带领公司走向辉煌，但他离去后，苹果公司还能继续当领头羊吗？我们看到，现在手机的很多新特性都是由华为率先推出的，华为手机从不为人知到业界领先仅仅用了不到 5 年的时间，这背后是每一个华为人的努力，例如华为对产品需求的征集，除了面向客户外，对内部员工（不管是否与研发、销售、服务有关）也开通了征集渠道，甚至有些部门还将其纳入考核。华为发动的是一场"人民战争"，就算有 10 个乔布斯站在面前，有何不能战胜的呢？

华为的成功不是偶然，它是一套系统工程，但又很简单，只有 6 个字：用好人，分好钱。用的是奋斗者，分的也是给奋斗者。这些奋斗者是劳动人民，他们代表的是真正的先进生产力，他们是企业的依靠。反观当下的许多企业，一方面，它们崇拜资本，把企业经营的目标放在获取资本上，或者稍有成绩就脱离业务实际，从事资本运作，这些都容易使决策脱离生产力的现实；另一方面，它们看不到群众的力量，没有意识到社会化大生产的效率来自劳动者的合作，而把企业经营寄希望于个别能人。这些都是违背生产力要求，违背经济规律的，怎么能够把企业做好呢？

1986 年 8 月，邓小平在视察天津时的谈话中指出："我的一贯主张是，让一部分人、一部分地区先富起来，大原则是共同富裕。一部分地区发展快一点，带动大部分地区，这是加速发展、达到共同富裕的捷径。"[1] 可是很多人只注意了"先富起来"这前半句，把富裕理解成个人奋斗，在弱肉强食的路上狂奔。但事实上集体的力量才是强大的，只不过这个集体需要一些领头人先迈出一步，做些探索和尝试，然后带动大家共同富裕。中国走的是社会主义道路，需要由社会主义性质的企业来支撑，华为就是这样一个典范。

## 第六节　流程型组织

奋斗者的工作不是杂乱无序的，不是凭着一股子干劲就能干好的，需要有一定的组织性和纪律性，这就需要建立一个有效的组织。华为的组织是流程型组织，有别于大多数企业的科层制组织形式。一般的企业行政和业务都是自上而下的，这会导致员工以领导为导向，让领导的意志凌驾于客户和上下游业务部门的需求之上，除非有明确规定，员工一切行事都要得到领导的指示，否则就会承担犯错误的风险。这就是很多企业部门墙厚重、行动效率低的原因。流程型组织一切以客户为导向，凡是为了客户的利益（也不是单纯地迎合客户，而是客观

---

[1]　邓小平.邓小平文选：第 3 卷［M］.北京：人民出版社，1993：166.

上为了客户的利益）而办的事，一切部门都要积极响应，有流程的，按流程办，没有流程的，创造流程也要办。

几乎每个企业都有一个金字塔式的组织权力结构，即科层制结构。它将权力按一定的分解因素进行分工和分层，是以规则为管理主体的组织体系和管理方式。也就是说，它既是一种组织结构，又是一种管理方式，是管理权与指挥权的统一，实行强制性的协调，以获得最高的执行效率。这使得科层制构建的组织变得稳定而强大，同时还具有高效的执行力。

但是，在实际执行中，规则不可能充分、完整且详尽，体制中权力人物的意志被放大，由此滋生的官僚主义令人们的创造力和自由窒息。这对组织发展有很大的副作用，因此也遭到越来越多的诟病。沃尔玛 CEO 董明伦说科层制是罪魁祸首；伯克希尔·哈撒韦公司副董事长查理·芒格说科层制的触手像癌症一样，应当予以抗击；摩根大通 CEO 杰米·戴蒙也同意科层制是一种病。这些领导者深知，科层制削弱员工积极性，压制冒险精神，扼杀创造力，是阻碍人类取得成就的枷锁。

很多企业也看到了这一点，采取了许多手段来打破部门墙，不论它们采取的方法是否与华为一样。强化跨部门协作确实可以将被部门墙割断的流程衔接起来，打破科层制的制约。然而，重新连接起来的流程往往仍然达不到很好的效果，如同被剪断的绳子，打个结可以重新连上，但永远没有原来那么顺畅。

这个问题管理学很少提及，但在政治经济学中早有答案。

流程与组织问题的根源在分工，而经济学的起源与分工密不可分。最早提出劳动分工的是亚当·斯密，他在 1776 年的《国富论》中系统全面地阐述了劳动分工对提高劳动生产率和增加国民财富的巨大作用。他观察到，一个劳动者纵使竭尽全力工作，也许一天也制造不出一枚扣针，但在分工作业的工厂中，把这个作业分给若干部门，"一个人抽铁线，一个人拉直，一个人切截，一个人削尖线的一端，一个人磨另一端"，这样，扣针的制造分为 18 种操作，分由 18 个专门的工人处理，这样平均一人一日可做出 4 800 枚扣针，效率提升之明显可见一斑。

马克思承认亚当·斯密的分工理论在人类历史中积极的一面，但与此同时，他还通过深入研究，对分工所导致的人的异化现象做出批评，这是对分工问题的一大发现。什么是人的异化现象？就是把企业内部的分工看作"资本主义生产方式所特有的东西，他没有看到分工同机器和简单协作一起不仅仅在形式上改变了劳动，而且由于把劳动从属于资本而在事实上使劳动发生了变化"。具体来说，就是我们很容易将一个工作岗位与生产资料对应起来。例如，有的人被分配到钳工的岗位上，他就成了只能修理机器的人；有的人被分配到电工的岗位上，他就成了只能修电器的人。这些人都是为机器设备而配置的，这样原本在企业中应当起到最积极作用的劳动就被异化了，应当是"人使用工具"，却成了"被工具使用的人"，员工在企业中处于被支配的地位。

科层制也会使劳动异化，员工服务于上级，而不是以客户为中心。但这种异化是迫于组织权力的压力，压力一旦释放出来，员工马上就会焕发劳动者的活力，例如企业实行承包制改革，死气沉沉的企业马上就会活跃起来。但是马克思所说的异化不是那么容易改过来的，因为现代社会分工如此之细，每个人只能掌握一门专业，这些知识在劳动分工中传承下来，但久而久之，人们已不知道为何这样分工了，异化的劳动成了理所当然。每个人从大学学到了自己的专业，毕业后寻找符合自己专业的工作，干自己专业范围内的事。这就把每个人在企业中的工作异化成了专业的属性，这样的结果就是员工不能积极地面对在企业中所遇到的新问题，他们对照自己的专业后，发现这些新问题不在自己的专业范围之内，于是问题就没人去解决。

所以，劳动异化才是流程被割裂的内在原因。我们可以在制度上让一项业务的相关方在一起工作，不受行政命令的干扰，但在一起工作的人如果只贡献自己的专业知识，不积极面对新问题，那样也是不能打通流程的。华为对待这个问题的一个重要经验就是要"掺沙子"。华为在内部管理上，提倡部分高级干部要走"之"字形跨部门轮岗发展的路径，提倡部门间要"掺沙子"，将最贴近一线的干部掺到中后台部门任正职，"干部要有一线经验，机关干部要有海外经验，高层干部要有跨领域经验"，以此打破思想上的部门墙，打通流程，高效运行。

华为用"掺沙子"的方法促进跨部门、跨专业的人员交流。很多销售人员来自研发团队，这样才能和客户进行深入的交流；很多财务人员来自销售，他们只需要补充一点点财务知识，就能比一般财务人员更容易捕捉到财务问题的根源；而人力资源管理人员如果没有在各个业务部门摸爬滚打过，就永远也不能深刻理解员工的需求与岗位的要求。"掺沙子"使员工在高度分工的组织中保持在分工前的"原始状态"，让组织成员能够感知完整的业务逻辑——流程，即重新连接的各段绳子是无缝连接的，而不是打着结的。

此外，华为的流程型组织也不是简单地拆墙，即破除部门墙就行了，那样会走向另一个极端。很多企业在追求流程时强拆部门墙，削弱部门行政管理的作用，这实际上会带来和承包制同样的效果：流程的效率提高了，但行政对资源的调配权被削弱了，资源的利用率就不高，其结果是背离集约化的经济原理，降低企业整体的效益。正确的做法是在保留科层制行政效率的前提下进行流程化改造，从高度集中的管理权中剥离指挥权，使指挥权以客户为中心，而不是以领导为中心。在华为这种体制中，部门领导可以拥有下属员工的工作分配权、考核权、奖惩权等权力，但部门领导不得直接干预员工手中的业务。每个人的业务工作取决于上下游环节的要求，这样每个人的工作就串联在一个流程中，而这个流程最终的目的是为客户服务。

政治经济学的分工理论帮我们找到了企业组织形成的源头。在分工的一刹那，组织诞生了，但能够凝聚这个组织的是劳动协作，即工作流程。劳动异化可能一开始并不引人注意，但当患上大企业病时，企业应当想一想这个本源问题。企业要做大做强，就要做到"分工不分家"。

## 第七节　企业家的本钱

一个企业的成功离不开企业家，毫无疑问，企业家是一种最重要的生产力。企业家和资本家有没有区别？这二者往往被混杂在一起，真假难辨。在大多数人的眼里，企业家必然也是资本家，因为企业家经营的目的就是让投资得到回报，使资本增值。企业家创办企业，犹如当年曹操建立一支军队，一开始必须变卖家产，才有本钱招兵买马，而由于他出了这个本钱，打下的江山自然就归属于这个"出资人"。

诚然，资本对于企业的建立至关重要，正是由于资本拿出真金白银，给予人们极大的信任，它才能成为调动社会资源最有力的工具。马克思依据其科学社会主义理论推演出的结论是，"社会主义最终必然战胜资本主义是人类社会发展的历史趋势"，但他对资本主义、对资产阶级的历史作用首先给予了非常高的评价。马克思在《共产党宣言》中提到："资产阶级在它的不到一百年的阶级统治中所创造的生产力，比过去一切世代创造的全部生产力还要多，还要大。"这个评价是非常高的，资产阶级思想家自己对这个阶级的历史做的评价都不如马克思做得确切，也就是说，马克思对资本主义和资产阶级采取的是分析的态度，而不是简单的否定的态度。

　　但是，马克思为什么又要说社会主义最终必然战胜资本主义呢？在他的设想中，无产阶级始终从事一线的劳动，比资本家更能掌握生产力的发展方向，所以他对此报以无比的坚信。然而，失去资本这个工具，如何掌控一个企业？没有真金白银，凭什么调度企业的运作？其实，信任不仅仅来自金钱，还来自人的品格和信用。任正非用自己只占 1.4% 的股份告诉大家，公司赢得的利润几乎都是员工自己的，也就是公司的剩余价值属于员工，员工是在为自己工作，而不是为资本工作，这是产生天壤之别的根源。由此可以看出，并非马克思的预言不正确，而是我们鲜有实践。

　　不追求剩余价值，任正非是近百年来并不多见的企业家。尽管很多企业家并非为了追逐利益，而与任正非一样期望成就一番事业，但在潜意识中，他们还是会倚重一定的资本而获得权威，掌握企业发展的话语权，否则企业家可能就会湮没。但是，任正非是怎么做到的？他的独特之处在于对企业"本钱"的认识。一般人认为，企业的"本钱"就是像曹操起兵一样，为谋求天下而做出的投入，而征战南北是自己一生的使命，但实际上更高明的不是要当"马上皇帝"，作为统帅，更重要的是用好人、定好规则，剩下的交给英勇的将士。任正非说："我们留给华为公司的财富只有这两样：一是管理架构、流程与 IT 支撑的管理体系，二是对人的管理和激励机制。"也就是说，在任正非眼中，华为就是一个纯粹的企业，和行业没关系。这样一个企业的制度建设好了，它深入什么样的行业都可以，可以从事通信行业，也可以生产拖拉机，无论美国如何制裁，它都有生存的空间。这样，任正非的本钱就是杠杆的一端，通过华为这个企业平台，他撬动的是放大了的市场。《孙子兵法》有云："善用兵者，役不再籍，粮不三载，取用于国，因粮于敌，故军食可足也。"意思是说，善于用兵的人，不用再三征集兵员，不用多次运送军粮，武器装备由国内供应，从敌人那里设法夺取粮食，这样军队的粮草就可以保持充足了。所以，明智的将军，一定要在敌国解决粮草问题，从敌国搞到一斤的粮食，就相当于从本国启运时的很多斤。放到企业中来讲，就是说企业不必完全准备出足够的本钱再开工，而是要员工在为客户服务中获得属于他们的粮食。这样做的前提就是企业必须有规则，并且保证企业的剩余价值归员工所有。

虽然任正非在富豪榜上可能排不上名次，但谁都不可否认他是一位伟大的企业家，因为他打造了一个伟大的企业。这个企业在最恶劣的环境中成长起来，成为世界丛林中的一棵参天大树，令不可一世的对手胆寒；这个企业能够扛住断供、霸权的压力，向世人展现顽强的生命力，令人叹为观止；这个企业远离华尔街之类资本利益的诱惑，成为当代最另类的明星。这些成就恐怕是富豪榜上任何一位名流人士所羡慕的吧！

任正非的本钱不大，但撬动了一片天地，这应当给我们带来不少启示。首先，企业要理性地对待资本问题。资本具有一定的组织调配能力，如同黏合剂，可以将一群人暂时地聚集在一起，但是黏合剂多了，就会粘住灰尘等杂物。资本需要从利润中索取回报，与劳动者分一杯羹，因此资本越多，劳动者获益就相对越少。对企业而言，比资本更重要的是财务的健康，即保持机体的平衡。企业需要多少资本就留多少资本，多了就是虚胖，会成为负担。当然，也有很多企业太瘦，需要资金补充，但这种企业也不应当直接用大量资本来补充。资本来得快，去得也快，会带走身体的营养，因此强健身体的最好方法是让自己体内的细胞吸收到营养，这才是能够留在体内的有价值的东西。这种"健身之法"不是立竿见影的速成之术，却是真正的成长之道，不论是东方还是西方的天空，都有许多流星划过，但它们终究不能长久地在星空中闪耀。

其次，企业要重新审视新一代的员工。如果马克思活在当下，他在著作中可能就不会如此大量地描绘"工人阶级"，因为当今最活跃的劳动者是写字楼里挑灯夜战的白领们，他们用知识和智慧使人类生活向更多的方向延伸。他们不再是与资本对立的劳动者，因为他们自身就拥有无形的资本——知识资本。任正非看中的就是这种知识资本，他将"知识资本化"作为华为的立身之本，构建了超越资本主义生产关系的新型组织体系。这是比股权激励更彻底的制度，让逐利资本得不到一丝利益，而把这一切全都留给付出辛勤汗水的员工，这怎能不激发人们的奋斗精神？任正非说："钱给多了，不是人才也变成了人才。"

再次，企业的资本是公共资本，企业家的任务是管好这些资本，公平合理地运用资本，建立公平合理的企业管理制度。

一个国家虽然要派出不同的部队应对不同的战线，但不能将国家的军队变成私家军，因此，企业也不能将公共资本变成不同经营单元的私有资本。但在实际运作中，很多企业动辄搞承包制、事业部制，实际上就是将一定的资本分散出去，造成企业难以凝聚，无法有效地利用好资本。这实际上是管理层懒政的表现。而任正非始终勤勤恳恳地努力的，不是具体发展什么业务，而是打造这个企业平台，构建机制，让有限的资本发挥最大的作用。

企业家的本钱反映的是企业家的格局。有的人本钱很多，却在鲜花簇拥之下找不到真爱，得不到长远的发展；而有的人本钱不多，却一心为人，扶助贫寒的有志者，让他们实现梦想，这样的人被抬得更高！

## 本章小结

本章介绍了华为经营的基本理念，即企业的首要目的不是为股东服务，而是凝聚为客户创造价值的知识人才，以知识资本化构建企业平台。华为的实践已经为这一理念构建了理论体系。

- 企业的首要使命是为客户创造价值，而不是为股东赚钱。这在资本主义世界也达成了共识。
- 华为不上市，坚持知识资本化。这也是对马克思剩余价值理论的实际应用。

- 华为基于价值评价的绩效管理体系符合马克思的劳动价值理论，真正地将员工的贡献从商品中抽象出来，公平和科学地进行评价。

- 华为是全员持股企业，成功地实现了集体领导模式，使得企业在分工和协作中前进。这实际上也是马克思提出的公有制设想的一种具体体现。

- 华为坚持以奋斗者为本，因为只有坚持奋斗在一线的员工才代表着真正的先进生产力。这与马克思对无产阶级先进性的认知是同样的思路。

- 马克思分工理论提出劳动异化现象，而这正是现代企业难以解决的流程与协作问题的内在根源。华为通过"掺沙子"的方法解决了劳动异化问题，从而为流程型组织建设奠定了基础。

- 拥有资本并非控制企业的唯一途径。任正非仅有 1.4% 的股份，却能影响整个企业，这是他着力打造企业平台，让员工以自己的知识资本为客户创造价值的结果。

# 第三章

# 华为的贸易观

真正的问题不在于你比过去做得更好，而在于你比竞争者做得更好。

——［美］唐纳德·克雷斯

## 本章概述

　　商场如战场，以军事思维领导一个企业，就容易占据天然的优势。什么是军事思维？就是一切为了战争的胜利，取得优势地位。企业的战争就是参与市场交换，让自己的产品得到认可，这种交换就是"贸易"。

　　对于"贸易"的理解，存在着不同的境界。大多数人的理解重点在于"贸"，只要通过商品交换，获得自己的利益即可。如果是这样，为什么还要有个"易"字呢？"易"者，上为日，下为月，象征阴阳的变化。所以做"贸易"者不仅要参与市场交换，还要从市场交换中争夺地位之变，努力掌握战争的主动权。华为这几十年来一直秉持着高屋建瓴的贸易观，引导企业从劣势一步一步地走向优势，占据了通信领域的制高点，动摇了美国在科技上的领导地位。

本章从国际贸易理论出发，阐述在常态的国际贸易秩序下，华为如何走出一条逆常规之路。这种逆常规体现在华为不满足于比较优势地位，还要努力攀登绝对优势地位，同时为防范断供而采用弥补绝对劣势的策略，用事实证明企业发展应有的路径。此外，本章还阐明了华为国际化道路的独特之处，即非依靠资本开道，而是用真诚、努力、合作、开放打开世界的大门。

## 导入案例：富士康换上"机器人马甲"就能大变样吗？

据《互联网周刊》与 NET 研究院联合发布的"2019 年中国科技机器人企业排行榜 TOP 50"榜单，富士康工业互联网股份有限公司高居榜首，这标志着富士康的"百万机器人计划"确实在大张旗鼓地实施着。据 2016 年的报道，富士康在郑州工厂、成都平板工厂、昆山和嘉善的计算机 / 外设工厂部署超过 4 万台机器人，取代人力，仅昆山工厂便裁员 6 万人。此后，富士康的"机器换人"仍会加速，每年都会有上万台机器人被投入使用。富士康的目标是"计划到 2020 年，中国工厂自动化率达到 30%"。

富士康提出"机器换人"计划有两个原因：一方面，在劳动力短缺和工人成本上涨等压力下，富士康希望通过机器人来弥补用工空缺并摆脱对不可持续的廉价劳动力的依赖；另一方面，苹果具备更强的议价权，而富士康又要确保自身利润。因此，富士康开始发力工业机器人领域也是为情势所迫。

　　我们知道，与传统人力相比，工业机器人的优势在于效率。从成熟的焊接工人所耗费的成本来看，工业机器人按 10 年使用寿命折旧（含维护费用）来算，在同样的效益下，工业机器人所耗费的直接成本将远低于人力成本，但机器人也有明显的局限性。首先，技术突破非常有限，也就是说，机器人当前只能胜任简单机械的流水线操作。富士康的一位中层曾称，机器人只能用于生产线上的前端工作，而富士康的核心是后端的组装，机器人实际上能替代的工序不到 50%。其次，机器人操作欠缺灵活性与精度，本身的维护成本高。曾有富士康的管理层表示，在 iPhone（苹果手机）上组装螺丝，机器人很难保持这么高的精度，只要没对准，iPhone 和机器人都将报废。这反而带来了更高的维护成本。此外，旧的机器人很容易由于新的生产线的优化而被淘汰，由机器人主导的生产线也无法应对更新的技术与产业创新需求的冲击。

　　我们知道，苹果始终通过不断扩充供应商名单，压低价格，确保产品利润，比如 2017 年款 iPhone 新增了两家供应伙伴：顾邦科技和旺矽科技。这两家公司将与台积电一起合作，为 iPhone 8 打造零部件。另外，此前也有消息指出，纬创可能作为第三家制造商，与富士康、和硕一起代工生产 iPhone 7。这些动作对富士康并不利，因为富士康过于依赖苹果。迫于创新压力，苹果未来会对配件厂商的规格、质量提出更高的标准与要求，这可能导致组装生产线也需要跟着升级。但富士康通过大量机器人，或者说通过简单的机械臂驱动的相关生产线，可能无法适应未来苹果更高的质量要求。产品质量的提升不仅仅依赖生产过程，还有赖于工艺创新，而工艺创新更多地来自人的智慧。

富士康用机器人武装到牙齿，但企业中最有价值的不是操作机器人的人，而是能够设计机器人的人，并且还要看是设计一般的工业机器人还是设计智能机器人，两者含金量不一样。决定富士康命运的是富士康定位的核心资源，以及员工属于蓝领还是白领。机器代替了人，但代替的只有蓝领工人，这改变不了富士康的定位。富士康期望通过提高自动化程度来摆脱低利润区的困扰，但结果可能事与愿违。

当然，富士康的定位也没什么不对，社会也需要代工厂，以最大限度地降低社会生产的成本。只是从富士康自身的愿望来说，它仍然有着树立自己的品牌手机的梦想，而不希望为人作嫁衣。这也不是富士康一家的梦想，很多代工厂乃至许许多多挣扎于红海中的企业都有这个梦想。它们如何去实现？

**案例分析**

富士康要提升代工厂的人工效率与制造产业的机械化水平，这一点首先值得肯定。这符合生产力发展的趋势，是不可阻挡的历史车轮。但是富士康用机器人代替的是蓝领工人，这仍然没有改变其市场定位，依然没有解决其低附加值的产业发展模式问题。富士康一直想从单一的代工企业向品牌性科技企业转型，但由于本身的制造业基因，它很少参与上游的研发，企业也遵循军事化的管理模式。富士康整体创造力匮乏，与其管理体制和工厂思维模式的困局分不开。如果富士康想实现转型，其核心问题不是用机器换人，而是要打开战略思维，调整定位，推动管理体制与经营模式变革，这样才能走出红海。

## 第一节　国际贸易与企业经营

国际贸易是指跨越国境的货品和服务交易，一般由进口贸易和出口贸易组成，因此也可称为进出口贸易。国际贸易理论告诉我们，国与国之间可以通过进出口贸易调节国内生产要素的利用率，改善国际间的供求关系，调整经济结构，增加财政收入等，因此各国都会重视利用国际贸易原理，发展对外贸易，搞活经济，增强国力。

一个国家无论如何地大物博、人口众多，都不能闭关锁国。寄希望于自给自足的小农经济，仅仅靠自身的国内市场，那是不能保持国家繁荣和稳定的。中国明清两代的事实证明，闭关锁国的繁荣不能持久，而欧洲国家，从葡萄牙到西班牙，从荷兰到英国，无不因走向世界而崛起。中国今天的繁荣也得益于加入世界贸易大家庭，走上了腾飞之路。

中国的世界贸易之路是怎样走出去的？改革开放之初，中国的国力还非常弱，生产力水平低下，产品的品种、功能和质量完全不能和西方企业相比，如何能够出口？那时中国人的收入非常低，几乎没有国际购买力，如何能够进口？国际贸易理论中的比较优势贸易理论告诉我们，弱国也是可以和强国进行贸易的。大卫·李嘉图在其代表作《政治经济学及赋税原理》中，提出了比较成本贸易理论。他认为国际贸易的基础是生产技术的相对差别（而非绝对差别），以及由此产生的相对成本的差别。每个国家都应根据"两利相权取其重，两弊相权取其轻"的原则，集中生产并出口其具有"比较优势"的产品，进口其具有"比较劣势"的产品。也就是说，国际贸易可以搭起一座全球化分工的桥梁，让各国放弃自己的相对劣势产品或产业，以聚焦相对优势的产品或产业，使得相对优势的产品或产业的效率进一步提高。

比如，A国和B国分别在卡车和轿车产业上具有比较优势，于是分别获得卡车和轿车的订单。由于在生产车辆的过程中，两国分别获得了更多的关于卡车、轿车的生产经验、客户信赖、资金支持、规模效应等因素，于是分别在卡车和轿车方面越做越强。A国虽然在轿车生产上失去优势，但可以在卡车生产中获得更多的利润，用以采购B国的轿车。同样，B国也可以用自己在轿车生产中获得的高利润换取更多的A国卡车。这样两国就能实现双赢。

全球贸易是"二战"之后世界的主格调，一直促进着世界各国经济的发展。然而，近些年从欧洲到美洲出现了一股反全球化思潮，从英国脱欧到中美贸易摩擦，均是这种逆流的体现，这又是为什么呢？因为在实际贸易中出现的马太效应打破了地区平衡。马太效应是一种强者愈强、弱者愈弱的现象，是社会学家和经济学家常用的术语，其反映的社会现象是两极分化，富的更富，穷的更穷。马太效应一词出自《圣经·新约·马太福音》的一则寓言："凡有的，还要加倍给他叫他多余；没有的，连他所有的也要夺过来。"寓言中说，从前，一个国王要出门远行，临行前，交给3个仆人每人1锭银子，吩咐道："你们去做生意，等我回来时，再来见我。"国王回来时，第一个仆人说："主人，你交给我1锭银子，我已赚了10锭。"于是，国王奖励他10座城邑。第二个仆人报告："主人，你给我1锭银子，我已赚了5锭。"于是，国王奖励他5座城邑。第三个仆人报告说："主人，你给我1锭银子，我一直包在手帕里，怕丢失，一直没有拿出来。"于是，国王命令将第三个仆人的1锭银子赏给第一个仆人。这则寓言原本的积极意义在于鼓励人们勤奋努力，让自己变强。这也是国际贸易理论鼓励各国通过贸易促进世界范围内经济效率提高的核心要义，但现实并非那么理想，生产要素的流动并不平衡，资金流动容易，而劳动力流动不易。例如，美国金融业可以容易地实现跨国投资，但工人不能随意迁移，这造成美国产业空心化，影响美国人的就业。欧洲的移民政策有利于补充发达国家的劳动力，但难民过多也影响了欧洲居民的生活空间和秩序。这些是制约全球化的因素，但在全球化过程中，西方政府没有注意这些，造成全球化进程太快，现在到了刹车的时候。

中国的国际贸易政策可谓非常成功，很好地把握了国际贸易与国内经济建设的节奏。在改革开放之初，中国国力非常弱，却毅然加入WTO（世界贸易组织），构建世界加工厂，用辛劳和汗水积累财富，为此放弃了一些相对劣势的项目，如停止大飞机研制、减少航天事业投入等。在有了一定的条件后，中国又发挥制度优势，调整产业布局，逐步淘汰高耗能、高污染产业，实现产业升级，并瞄准高科技行业，让大飞机重新起飞，重资投建高铁、高速公路等国家命脉，这些是在自由市场经济模式下难以实现的变化。中国模式的结果是在很多领域构建了几乎完整的产业链。

中国的国际贸易管理是中国经济政策的一部分，其管理经验可以为企业治理提供参考。国际贸易在国家管理方面可能次要于国内经济，但对企业而言是首先要学习的，因为企业的首要问题是要从市场中获得粮食，这样才能保证活下去。中国国际贸易经验给企业的借鉴意义包括以下三点。

首先，企业应当聚焦战略，发挥和持续增加比较优势。很多企业的最大问题是急于挣钱，一切以挣钱为目的，哪里有风口就涌向哪里。挣钱并不是企业的优势，挣到钱只说明取得了一场战斗的胜利，但天时地利都会改变，企业并不能保证下一场战斗的胜利，而一次战斗的成败就可能决定一个企业的生死。据美国《财富》杂志报道，美国中小企业的平均寿命不到7年，大企业的平均寿命不足40年。而在中国，中小企业的平均寿命仅2.5年，集团公司的平均寿命仅7~8年，中国集团公司的寿命只相当于美国的中小企业。美国每年倒闭的企业有约

10万家，而中国有100万家，是美国的10倍。中国企业不仅生命周期短，能做强做大的企业更是寥寥无几。这说明中国企业在市场的战斗中虽然前赴后继，但更多是不善于经营的，没有战略思维，能稳操胜券者少，许多都是靠运气。

其次，企业应当抓住变革机遇，实现转型升级。世界永远在变，唯一不变的是变化本身。企业不能满足于量变，而是要抓住质变的机遇，达到另一个量变水平。苹果从某种程度上来讲是中国的产业，但不是中国的产品。2012年苹果公布的财报显示，中国已经成为苹果产业链中最大也是最重要的制造基地，但同时，这个庞大的制造基地的利润率只有不到2%。一部光鲜亮丽的苹果产品，其背后却是苹果公司对中国代工厂利润的苛刻压榨，但那个时候中国的企业和工程师没有在产业链顶端形成比较优势，只能接受这个结果。时过境迁，华为抓住中国从人口红利到工程师红利的转变机遇，通过学习西方管理经验进行变革，在技术创新能力上有了质的飞跃。华为也能组织研发和苹果一样卓越的产品并占据供应链顶端了，这使得比较优势发生了变化。

再次，企业应当完善供应链体系，打造稳定的产业链基础。有军事常识的人都知道，打仗从某种意义上说就是打后勤。企业经营也是如此。但这一点可能容易被忽视，因为顺境之中条件都很理想，企业随时可以采购到需要的物资，而一旦遇到不可抗的情况，企业可能瞬间就进入休克状态。例如，2018年美国突然对中国的中兴通讯进行制裁，禁止美国供应商对中兴出售其产品中必须使用的芯片，立即使中兴陷入被动状态。国际贸易关系是最不稳定的联盟关系，我们应当注意到比较优势的瞬间变化，谨防比较劣势变为绝对劣势。

## 第二节　力出一孔，利出一孔

"利出一孔"是中国古代春秋时期著名的政治家、军事家、法家代表人物管仲提出的一套思想体系。他在《管子·国蓄第七十三》中说道："利出于一孔者，其国无敌；出二孔者，其兵不诎；出三孔者，不可以举兵；出四孔者，其国必亡。"意思是，一个国家的利益目标如果只聚焦在一个焦点上，这样的国家可以天下无敌；如果有两个目标，这样的国家可以保证兵力不竭；如果有三个目标，这样的国家就无力出兵进行军事行动了；要是达到四个目标，这样的国家就必然灭亡。

到了战国时期，秦国崛起并一统天下，刚好证明了这一观点。商鞅在《商君书》中亦提出"利出一孔"的思想，这个唯一的孔就是"耕战"，秦国举国上下都围绕着这一个目标，除此之外尽在禁除之列。他的商鞅变法按照"利出一孔"和"驱农归战"的中心思想，将秦国整个社会打造成了"耕战"体制，全民为兵，国力鼎盛，秦国最终得以横扫六国，实现统一。

举一国之上下，只为一个目标，才能强盛，何况一个公司呢？ 1997 年 7 月，乔布斯回到了阔别 12 年的苹果公司，因为苹果公司陷入危机，不得不请他重新出山。乔布斯上任后，拿着属下提交的产品目录，发现当时苹果公司的产品线范围极其宽泛，从喷墨打印机到牛顿掌上电脑，大约有40种，而且这些产品中的一类又有多个系列，每个系列又有十几种型号，这些产品中很少有在市场中处于主导地位的。于是乔布斯下令削减产品线，管理层说不可能。他很生气地呵斥："必须按照我说的做。"他们问为什么，乔布斯说："因为现在我是CEO。你们要破产，还是要革命？"属下听后，将公司的产品数量从350个砍到10个，企业步入了正轨。随后，苹果在乔布斯的带领下，研制开发了划时代的产品iPhone，一下子风靡天下，取得辉煌成就。通用电气的董事长兼CEO杰克·韦尔奇也秉持这样的经营理念：任何事业部门存在的条件是在市场上数一数二，否则就要被砍掉——整顿、关闭或出售。这是他将一个弥漫着官僚主义气息的公司打造成一个充满朝气、富有生机的企业巨头的原因。

中国的词语"舍得"将两个意思矛盾的字放在一起，说明"舍"与"得"之间存在密切的哲学含义：有舍才有得，要想得，必须舍弃，即愿意付出。可是，中国很多企业在经营中并不"舍得"，管理者经常挂在口头上的词是"多元化"，导致很多规模并不大的公司成为"集团公司"。导致多元化经营的原因主要有以下几个方面。

第一，企业经不住外部利益的诱惑，发现热点马上投入，生怕错失良机，因此也不顾自身是否存在优势、资源是否满足等。例如，曾经的巨人集团总裁史玉柱在反省他的经营失误时说，他最大的失误之一就是盲目追求多元化投资。巨人集团涉足的电脑业、房地产业、保健品业等行业跨度太大，新进入的领域并非其优势所在，集团却急于铺摊子，使有限的资金被牢牢套死，导致财务危机。最终，巨人集团因仅仅数百万元流动资金不足而一夜崩溃。

第二，企业不能将内部资源有效整合，导致内部上下各自为战。有些支撑部门不满足于有限的收入，希望通过额外的创收增加收入，或者这种动因来自上层，上层希望这些部门能够增加创收，但实际的结果往往是这些"非正规军"外战没有竞争力，对内服务又分散了精力。

第三，有些"偷懒"的经营者干脆只管钱袋子，把经营当作投资，把鸡蛋分在几个篮子里，追求东方不亮西方亮。这种经营者可以被视作金融从业者，但即使是做金融，也不是篮子越多越好，那样是跑不赢大势的。唯有深入分析，成为某一领域行家的投资者才能获得更高的回报。

资源相对于人们的需求而言永远是稀缺的，所以做企业一定要聚焦。华为几十年战略的指导思想是：聚焦主航道，有所为，有所不为，只做自己最擅长的事，只对准一个城墙口冲锋。所以华为才能无坚不摧。当然，现在的华为也有一定的多元化经营，除了运营商业务，还有消费者业务、企业网业务、云业务等多个事业群，但这些都是有非常密切的相关性的。总体来说，华为还是聚焦于ICT（信息与通信技术）领域，始终保持在一个密集的发力范围。任正非说："世界上每个东西都有正态分布，我们只做正态分布中间那一段，别的不做了，说那个地方很赚钱我们也不做，也卖不了几个。我们就主航道、主潮流上走，有流量就有胜利的机会。"

如何做到"利出一孔"？那就必须使企业上下行动一致，"力出一孔"。"力出一孔"可理解为有限的资源只能做有限的事情，要把华为所有的资源聚焦在战略上，只有在战略上实现突破，公司才能长治久安。锤子的力量要聚集在钉子上才有穿透力，这样钉子才可以击穿钢板。

当然，我们现在看到的是一个已经强大起来的华为，它已经在全球经济中占领了某个制高点，这对很多企业来说是可望不可即的。但不要忘了，30 年前的华为一样是弱小的，它是怎样寻找到自己的比较优势的呢？没有什么诀窍，全靠制定正确的战略，贯彻正确的战术，坚持发展的道路。

首先，所谓正确的战略就是"农村包围城市，最后夺取全国胜利"的战略思想，是以毛泽东为代表的中国共产党人在领导中国革命的实践中逐步摸索出来的一条成功之路。华为这一路走来，无论是对国内市场的拓展，还是国际化路径，采取的都是"农村包围城市"策略。早年，华为通过代理交换机起步，用了 8 年时间由代理走向模仿，由模仿走向自主研发。在国内，华为通过"人海战术"占领了交换机设备的广大县乡市场，并通过及时、周到的服务弥补了创业期质量不稳定和品牌知名度不高的不足，赢得了消费者的信任，成功进军中国电信业的城市市场，并逐渐在国内市场站稳脚跟。华为在开拓海外市场的时候也采取了类似的策略。任正非回忆说："当我们计划国际化的时候，所有肥沃的土地都被西方的公司占领了。只有那些荒凉的、贫瘠的和未被开发的地方才是我们扩张的机会。"这些说明，一个企业创业之初基本上都在艰苦地区、艰苦领域，在这里才能体现最初的比较优势，这也是华为至今十分重视从艰苦地区选拔干部的原因。

其次，要执行正确的战术。企业要发展，不能总是在农村打游击战，还要学会打运动战、阵地战，甚至持久战，要向对手学习，向领先者学习，把别人的优势拿到手，才能比别人更优秀。李鸿章买来洋枪洋炮，对付国内的敌人有优势，对付洋人仍然没有优势，所以真正的优势是要学习别人的软实力。中国军队在和平时期也要不断进一步提高军事修养，向对手学习，甚至向手下败将学习，不断提高军队建设的现代化水平，这样才能走上强军强国之路。企业诞生之初是一个充满活力的集体，年富力强，能征惯战，但是发展到了一定的体量后，机体成熟也带来复杂性，企业牵一发而动全身，因此需要建立新的管理机制，实施变革和转型，才能适应新的机体健康的需要。

再次，所谓坚持发展道路就是要积极创新，不断提高优势的壁垒。要守住比较优势，防止对手抢夺阵地，就要全面做好防御，构建起坚强的壁垒。什么是坚强的壁垒？靠牛人？靠权势？靠专利垄断？这些都不能持久。天下武功，唯快不破，因此进攻是最好的防守，要在已有的优势上继续前行，让对手模仿都跟不上来。任正非说："一定要把华为公司的优势去掉，去掉优势就是更优势。"新的优势在哪里？它就是企业创新的方向，所以企业唯有不断创新、快速创新，才能发展壮大。

## 第三节　从比较优势到绝对优势

一向奉行自由贸易的美国为何会对中国的华为公司实行打压，无理由地将华为列入实体清单，强行阻碍华为的自由贸易行为？因为华为在 5G 方面领先，动了美国的奶酪——高科技制高点。美国为参与世界贸易而放弃了比较劣势，这些比较劣势是低利润的、易替代的、产业链末端的产业，而占领高科技的龙头地位一直是美国的立国之本，他们希望始终在这个领域保持绝对优势。

什么是绝对优势？简单说就是拥有排名第一的绝对实力。世界贸易依据比较优势原则就可以进行，那么绝对优势有什么用？我排不上第一，那我降一点价格，性价比高不好吗？我们没有见到哪个企业是有绝对的、不可替代的能力的，即使苹果这样的企业也不能独自占领整个产业链。其实，没有绝对优势可能并不影响大家的生存空间，但生活的质量不一样，占用的资源不一样多，一旦出现极端情况，资源受到限制，实力仍是根本的保证。

"田忌赛马"是中国家喻户晓的典故。齐国将军田忌与齐王赛马，双方各自派出上、中、下三个等级马参赛，但齐王的马优于田忌的，田忌担心不能取胜。田忌的门客孙膑心生一计，对田忌说："您只管下大赌注，我能让您取胜。"田忌相信并答应了他，与齐王和各位公子用千金下注。比赛即将开始，孙膑说："现在用您的下等马对付他们的上等马，用您的上等马对付他们的中等马，用您的中等马对付他们的下等马。"三场比赛结束后，田忌一场败而两场胜，最终赢得齐王的千金赌注。后来，田忌把具有军事天赋的孙膑推荐给齐王，而孙膑也取得齐王的信任，被任命为军师，两次击败庞涓，取得了桂陵之战和马陵之战的胜利，奠定了齐国的霸业。

典故中，孙膑所用的计谋就是建立一定的规则，在规则之下，弱势的一方可以在数量上取胜。但请注意，这只是权宜之计，并没有从本质上提高田忌一方马匹的能力，这作为一种比赛游戏是可以的，但真正上了战场，田忌的胜算仍然高不过齐王。

中国加入 WTO 后融入世界贸易大家庭，但所获得的产业主要是劳动密集型产业，这是发达国家希望放弃的比较劣势，因为这部分投入产出比低，消耗资源高。中国变成世界工厂，使产品产量大幅提升，但未必能帮助整个国家强大起来，中国还必须提高国民生产的质量，在适当的时候进行产业升级。

为什么发挥比较优势并不能使国家富强？因为没有绝对优势就没有绝对利润，而我们拿到的相对利润在世界总体财富中的比例越来越小。根据挤出效应，我们虽然可能获得账面上的利润，但实际上越来越穷。还是用前面提到的例子，虽然 A 国和 B 国分别在卡车和轿车方面有比较优势，各得其所，但实际上人们对轿车的消费量远远高于卡车，所以 B 国挣的钱绝对多于 A 国。那么在每一年两国创造的总财富中，B 国的财富比例只会越来越高，而社会财富就这么多，B 国的购买力自然强，A 国仍然是穷国。

A 国如何能够富裕起来呢？唯有迎难而上，也去生产轿车。国际贸易原则虽然没有让 A 国变富，但为 A 国争取到了生存的时间，A 国下一步就要用时间换空间，和 B 国的人比拼谁努力、谁勤劳、谁拼命。当 A 国慢慢恢复轿车的生产，逐渐可以与 B 国抗衡，甚至超越 B 国的时候，A 国就可以让 B 国转去生产卡车。这就是美国不愿意看到中国发展高科技的原因。

华为走过的正是这样用努力、勤劳、拼命换取反超地位的道路。早期华为的产品与国外产品是不能比的，产品质量很不稳定，只能依靠人海战术，用辛勤的服务加以弥补。产品不如人，就派人员在机房值守，出了故障立即现场排除，而外国公司的服务跟不上，使得华为公司在性价比上略胜一筹。但长此以往并不是办法，这样会使公司成本巨大，经营利润不高，公司难以维持长久的发展。在别的企业满足于圈地的时候，任正非并不满足于华为所取得的市场份额，而是一再强调："我们要坚持有利润的增长、有现金流的利润。"华为不能永远是"土八路"，而是要像西方企业那样成为正规军，这成了华为永不放弃的奋斗目标。

一个公司从小到大，在商业丛林中打游击战，这是很正常的事。但问题是很多人从游击战中走来，就满足了、习惯了，企业终究做不大。这样的问题在华为也会出现，因为正规化就要有标准、有制度、有流程，而习惯于走野路子的团队一开始自然会抵触，对此，任正非提出"先僵化、后优化、再固化"的指导方针，让他们慢慢适应，在实践中体会正规军的意义。这就是华为经历的变革，这些变革使得华为脱胎换骨，不靠田忌赛马式的小聪明，而是凭一天一天增长的实力稳步前进。

从比较优势到绝对优势，我们可以看到华为的成功来自以下三个方面。

第一，华为具有不落俗套的经营思想。军人出身的任正非其实是儒将，他非常热爱学习，知识面宽广，因此思路也很开阔，见解独到。华为在其领导下非常务实，一切从实际出发，上下充分讨论，识别利弊，从长计议，不随大流儿，因此往往出奇制胜。例如，当社会上那么多人力挺华为，对美国企业断供纷纷表示谴责时，任正非却要求大家不要"捧杀"华为，华为仍然要和美国企业共同发展，此举更加赢得了国内外的赞许。当很多企业计较每一笔投资的回报率时，任正非却悄悄地投资了一系列"备胎"企业，一旦到了危急时刻，这些企业果然能够拿出来发挥作用。在基层数据造假问题暴露后，任正非主动带头自罚100万元，彻底从根源上解决问题。他致力于打造一个无生命的流程型组织，强调规则，但反对过于僵化，要求方向大致正确，学习向坤山的担当精神。他强调灰度，但这不是中庸，而是坚持原则下的妥协。如此种种，数不胜数。正是因为具备这种不落俗套的思维，华为才不会随大流儿地停留在劳动密集型产业，不会一窝蜂地搞房地产，而是迎着最强的对手冲锋，打败这样的对手，才能成为更强者。

第二，华为成功利用了中国的工程师红利。曾经有一段时间，中国大量的优秀大学生都出国留学，并且留在国外工作和生活，因为很多人觉得自己在国内无用武之地。中国的比较优势是人口众多，大量劳动密集型企业在中国投资和建立，所以说中国改革开放之初依靠的是人口红利。为什么优秀的学生要留学？因为他们努力学习并积累了知识，这样的人需要实现自我价值，需要奋斗的机会。好在国内还有很多没有出国的大学生，而华为在经历了人力资源管理变革后，视人才为公司的核心资产，从 2000 年前后开始大量从学校招收毕业生，很多学校被招去成百上千名毕业生，这在当时的民营企业中是非常罕见的。事实证明，国内的大学生一样可以发明专利（华为到 2018 年底累计授权专利 87 805 项），一样可以研发世界领先的产品，可以获得和国外高科技企业一样的收入。田忌的上等马可能比不上齐王的，但不代表会一直这样，只要一代一代地努力，终有超越的一天。

第三，华为选对了一个好师父。许多伟大的公司都有一套独特的管理方法，如丰田公司的准时生产体制、京瓷的阿米巴经营、通用电气的六西格玛、英特尔的 OKR（目标与关键成果法）等，但华为的一系列管理方法几乎都遵循"拿来主义"，华为虽然有发展，但还不是原创。不过这并不重要，因为华为就是依靠一帮臭皮匠拼成的诸葛亮，没有"乔帮主"坐镇指挥，华为也要玩转北斗七星阵。但是，这个阵法华为也是从 IBM 学来的。在那么多西方企业中，华为独尊 IBM，因为两者有共同的理念：以客户为中心，驱动员工自我奋斗。IBM 的管理方法帮助华为建立了流程型组织的架构体系，使得员工作为组织中最积极活跃的分子，大量吸收业界的优秀管理经验，自我发展。这是华为的幸运，在思想开放的西方世界找到这样一个样板，帮助华为少走了不少弯路。

## 第四节 避免绝对劣势的"备胎"策略

2019 年 5 月 15 日，美国商务部在毫无征兆和证据的情况下突然发布声明，将中国的华为公司及其附属公司列入管制实体清单。实体清单就是一份黑名单，这意味着华为不能在未经美国政府批准的情况下从美国公司购买零件，包括华为手机和其他设备所使用的芯片、操作系统，甚至一些技术标准，这实际上就是用强权直接扼杀一个公司。

这不是美国政府第一次使用这种手法，在此之前的 2018 年 4 月，中国中兴通讯公司也曾被美国商务部列入该实体清单，实施长达 7 年的"禁售令"。中兴公司面临生存危机，被迫与美国达成协议，支付总计 10 亿美元的罚款，4 亿美元的押金，并附加接受美方深度监管的措施，之后才得以从实体名单中被移除。可见，2019 年这一次，显然是美国故技重演。

　　然而，这次世人没想到的是，华为一夜之间拿出了"备胎"计划。2019 年 5 月 17 日凌晨，华为海思半导体总裁何庭波发表了一封全员信，表述华为有备选方案兑现其持续服务客户的承诺，给全球客户和供应商吃下"定心丸"。

　　何庭波的这封内部信很快流传出来，立即引起世界震惊，让人们看到一个不一样的华为。随后，美国各大公司拿着美国政府的令牌开始轮番吊打，尝试集体封杀华为，而华为见招拆招，令人眼花缭乱。高通、博通、英特尔以及 ARM 欲停止与华为的业务往来，但华为已买下 ARM 架构的永久使用权，不影响华为自己芯片的开发；谷歌欲停止授权安卓操作系统，华为则宣布推出自己的鸿蒙操作系统；甚至很多国际技术组织也暂停或移除华为的会员资格，但在排查美国政府禁令影响后又恢复了华为的资格，毕竟华为领先的研究成果对这些组织来讲是不可或缺的。

　　此时，人们才领略到任正非的远见卓识。早在 2004 年，任正非出于对华为供应链体系安全性的考虑，未雨绸缪，萌生了在极端情况下自主研发芯片的想法："如果他们突然断了我们的粮食，安卓系统不给我们用了，Windows Phone 8 系统也不给我们用了，我们是不是就傻了？"于是他找何庭波说："我给你每年 4 亿美元的研发费用，给你 2 万人。关键技术一定要站立起来，适当减少对美国的依赖。"这种想法在国际化背景下是不可思议的。国际贸易促进各国企业间的互利互惠，断供实质上是一种"杀敌一千，自损八百"的行为。况且华为投资这种不具备比较优势的产品，风险极高，因为自己从头研制出来的东西很难和别人的成熟产品相比，到时候哪有市场啊！但是，这种不可思议的想法是正确的，这在 2019 年得到了验证。

华为的"备胎"策略告诉我们，企业要利用比较优势，发展绝对优势，也要防止出现绝对劣势。经济学中很少有人去研究绝对劣势问题，因为比较优势理论就是要放弃比较劣势，自然就更加不会在意绝对劣势了。根据国际贸易理论很容易推导出贸易报复的缘由和措施：当两国之间发生贸易摩擦时，一国为迫使另一国改变其对外贸易政策，而采取一种报复性的经济手段，如提高关税、进口配额、许可证制等。这些措施会导致两国贸易不平衡，受损方将实施类似的贸易报复手段，而其结果是进一步加剧不平衡，引发双方陷入制裁的恶性循环，直至两国停止贸易。这时两国都将完全独立自主，各自的薄弱产业就成为经济的瓶颈，双方都陷入痛苦的深渊。这显然是双方不希望看到的，所以实际上，在国际贸易中，具有相关依赖性的国家之间最多进行有限的制裁，不会把彼此逼到绝对劣势的地步。

但是，企业家有不同的视角。企业通过生产为社会创造财富，并通过市场交换获得生存资金，为此每个企业都要有资源保障，这是企业的命脉。任正非关心的是华为供应链的安全，华为必须保障所采购的原材料有足够的安全供应商。当芯片这样的核心资源掌握在少数垄断企业手中时，华为必然要考虑替代方案，以备不可抗的断供因素出现。这不是针对美国的，而是完全出于对企业自身商业命脉的保障。华为的这一个案应该是对经济学的补充，如果没有对绝对劣势问题进行深入研究，国际贸易理论就是不平衡的。

　　华为追求绝对优势的同时避免绝对劣势，为此也付出了大量的投入，这样是否是两头用力、分散资金呢？这一定会对主营业务的发展速度产生影响，但关键是聚集主航道，不随意搞多元化，让企业力出一孔，利出一孔。成功的标准是取得胜利，而不是一路狂飙的快意。马谡身居高位又如何？他被切断水源，痛失街亭。所以企业发展不能只踩油门，没有刹车，否则会带来真正的风险。

## 第五节　逆行的国际化之路

　　企业国际化就是指一个企业的生产经营活动不局限于一个国家，而是面向世界经济舞台的一种客观现象和发展过程，其主要目的是通过国际市场组合生产要素，实现产品最优和销售利润最大化。发展比较优势可以带来更高的投资回报率，因此资本必然积极参与跨国投资，发展跨国企业，重组资源。

　　跨国投资指投资者将拥有的资本分别投入两个或两个以上的国家，创办企业，进行直接或间接经营。跨国投资不仅在经济发达国家之间进行，还广泛地在经济发达国家与发展中国家之间进行。经济发达国家的大型企业和财团常利用跨国投资的形式，在发展中国家和地区设立分支机构和子公司，从事跨国经营活动，这样既可以为其大量的闲置资本寻找出路，又可以利用发展中国家廉价的劳动力和丰富的自然资源获取高额回报。而发展中国家为了更快地发展本国经济，在一定条件下，也愿意引进一定的跨国投资和外国先进技术。

资本在发达国家十分充沛，有如蓄水池中的水，总是要往发展中国家的低洼处流，这成了过去40年中国市场的总体状况。特别是早期，中国市场资本匮乏，需要大量招商引资，发展经济，所以在那个时候，都是外国投资中国，很少有中国投资外国的。华为从1996年开始正式实施国际化行动，而那时的华为并不是知名公司，手中的产品主要是一款C&C08交换机，而且在海外拓展方面完全没有经验，拿它和李鸿章的叫花子兵相比也不为过。在那样的情况下，华为为什么要走出国门呢？

中国市场大，吸引各国厂商，也给本土企业带来竞争压力，特别是对于华为这样的民营企业。华为面临着"活下去"的紧迫问题，在国内市场白热化的时候，走出国门，退守一个更大的"农村"成了逼上梁山式的选择，所以华为国际化战略在初始阶段只是占领发展中国家市场。首先是俄罗斯，它成为华为国际化的第一站，借着1997年俄罗斯陷入经济低谷，NEC（日本电气）、西门子、阿尔卡特等国际巨头纷纷从俄撤离，华为逆水行舟，迎难而上，终于在1999年从俄罗斯国家电信局获得第一张只有38美元的订单，可这却是华为的国际贸易第一单！金额虽小，但华为的执着换来的是客户的信任，从此国际业务步入轨道。

之后，拉美国家和地区成为华为国际化拓展的第二站，华为在欠发达国家和地区步步为营，全面拓展，继续开拓了泰国、新加坡、马来西亚等东南亚市场以及中东、非洲等区域市场，等到在南非和沙特这些相对比较发达的国家取得成功后，华为才将目光转向了觊觎已久的欧洲市场。

欧洲市场属于高端市场，消费者有着较为先进的消费理念，通信消费的水平高于全球大部分地区，在对产品的要求方面更注重性能。欧洲通信市场属于成熟市场，网络已经定型且标准统一，其他的制造商如果没有相当的实力是很难有所作为的，只有攻下欧洲市场的企业才能算一流的通信设备企业。华为根据当时的客户需求讨论是否开发第四代分布式基站，因为第四代基站成本会升高 1.5 倍，还有很多技术风险无法克服，如此大规模地进行投入，一旦达不到市场预期，华为可能几年都翻不了身。余承东在众多反对声中一锤定音："必须做，不做（华为）就永远超不过爱立信。"2008 年，华为第四代基站问世，而且一鸣惊人、一炮打响，一举奠定了华为无线的优势地位。从此，华为军团一路高歌猛进、四面出击，最后全面占领欧洲市场。

华为的国际化进程表面上看是一个市场拓展的过程，但背后是一盘大棋，是先有投入，才有产出，充分调动各国资源共同努力的结果。当年为开拓俄罗斯市场，华为与俄方建立了第一家合资公司：贝托-华为合资公司，由俄罗斯贝托康采恩、俄罗斯电信公司和华为三家合资，采取的经营战略是本地化模式。2004 年 3 月 20 日，华为欧洲地区总部新技术研发中心在英国贝辛斯托克落成，这是华为在海外最大的机构之一，也是中国企业在英国最大的投资。英国《泰晤士报》的权威评论称，此举是中国企业走向国际化的一个重要标志。从此，华为以英国为基地开拓欧洲市场。贝辛斯托克聚集着一大批全球规模最大的电信公司，华为欧洲地区总部新技术研发中心落成，标志着华为海外拓展的重点逐渐从亚非拉发展中国家转向欧美主流高端市场。

为了有效利用全球资源，经过 20 年的筹划布局，华为形成了全球的多个运营中心和资源中心，这些中心包括下以 4 种。

(1) 行政中心——在美国、法国和英国等商业领袖聚集区，成立本地董事会和咨询委员会，加强与高端商界的互动。在英国建立行政中心，在德国成立跨州业务中心，提高全球运营效率。

(2) 财务中心——新加坡财务中心、罗马尼亚财务中心、英国全球财务风险控制中心，降低财务成本，防范财务风险。

(3) 研发中心——俄罗斯天线研发中心、紧靠着爱立信和诺基亚的瑞典及芬兰无线系统研发中心、英国安全认证中心和 5G 创新中心、美国新技术创新中心和芯片研发中心、印度软件研发中心、韩国终端工业设计中心、日本工业工程研究中心等，有效利用全球智力资源。

（4）供应链中心——匈牙利欧洲物流中心（辐射欧洲、中亚、中东、非洲），巴西制造基地，波兰网络运营中心等，提高全球交付和服务水平。

这里需要说明的是位于多个国家的研发中心，华为建立这些研发中心的目的是更充分地利用世界各地的人才特长，让企业资源在全球范围内得到最佳组合，这样才能创造出最出色的产品。早在 1999 年，华为就已经在俄罗斯设立了数学研究所，吸引顶尖的俄罗斯数学家来参与华为的基础性研发。进入 21 世纪后，华为设立海外分支机构，吸引人才的力度进一步加大：设置在德国慕尼黑的研究所已拥有将近 400 名专家，研发团队本地化率接近 80%。从 2001 年开始，华为加快了国际化研发布局的推进速度。美国是 CDMA、数据通信和云计算的发源地，华为便在硅谷和达拉斯设立了两个研究所（但后来关闭了）。欧洲是 3G（第三代移动通信技术）的发源地，爱立信是 3G 的领导者，为此华为在瑞典斯德哥尔摩设立了 3G 技术研究所。俄罗斯在无线射频领域居于世界领先地位，华为便在莫斯科建立了以射频技术开发为重点的研究所。华为轮值 CEO 胡厚崑总结道："在今天的商业环境下，资本、物资、人才和知识全球流动，信息技术高度发达，使得'全球化公司'和'本地化公司'这两个过去常被分离的概念正变得越来越统一。华为的商业实践要将'全球化'和'本地化'结合在一起，整合全球最优资源，打造全球价值链，并帮助本地创造发挥出全球价值。"

朝鲜战争是中美两个国力悬殊的国家的一次较量，中国军队在战场上以血肉对钢铁，意志上以钢铁对强敌，所以也能赢得战争。中国人民解放军国防大学战略研究所所长金一南教授说道："在朝鲜战争以前，美国追求的都是彻底的胜利、无条件的胜利、完全的胜利，要求对手无条件投降。从南北战争、美西战争，到美国参加的一战、二战它都是这样。但是在朝鲜战争美国遇到了巨大的阻碍，被英勇的中国人民志愿军完全阻挡住了。美国人从朝鲜战争后得出了局部战争的概念。局部战争也称为有限战争，也就是战争的有限性。通过朝鲜战争，美国发现战争的目的、使用的手段和发生的空间都是有限的。"[①] 也就是说，它不可能凭借先进的武器，无限制地扩大战果，决定成败的还有其他因素。

同样，企业的国际化并非只有资本强大的企业可以为之，华为走出了一条逆资本之流的国际化道路，因为华为走上国际舞台，靠的不是资本开路，而是员工的真诚、努力和开放合作的心态，为了人类共同的美好目标，世界人民也能走到一起来！

## 本章小结

本章从市场贸易与地位的角度介绍华为的发展历程和变化。这里的贸易并非一定是国际贸易，本章只是借用国际贸易

---

① 金一南. 朝鲜战争让美国第一次认识到战争的局限性［EB/OL］.（2013–08–13）. http://mil.cnr.cn/mjzl/jynzl/zjgd/201308/t20130801_513207267.html.

理论来说明华为不同寻常之处。国际贸易理论认为，企业只要发挥比较优势，就能在市场中占有一席之地。但华为并不满足于此，才创造了辉煌的成就。

本章包含以下内容。

- 国际贸易基本理论与企业经营的关系。
- 华为如何聚焦于一点，确定企业的基本定位。
- 华为如何通过研发发展绝对优势，逐渐改变贸易地位。
- 华为为何要实施"备胎"策略，堵住供应链短板。
- 华为如何不依赖资本开道，同样也走上了世界的舞台。

# 第四章

# 华为微观经济学

如果大象能够跳舞，那么蚂蚁就必须离开舞台。

——［美］路易斯·郭士纳

## 本章概述

　　微观经济学研究社会中单个经济单位的经济行为，即企业和个体经济单位之间的经济活动关系，进而研究市场机制运行及其在经济资源配置中的作用，并提出微观经济政策，以纠正市场失灵。微观经济学包括供给与需求理论、消费者行为理论、生产及要素理论、成本理论、市场理论等，本章不对这些理论进行一一探讨，而是选择一些核心内容，与华为的经营行为进行关联和比较研究，旨在将经济学与企业管理更深层次地结合起来。

　　经济学的特点是从企业的生产向市场研究。经济学基于企业进行了合理的资源配置，使生产力提升，研究这些对市场产生怎样的影响，而没有深入研究企业内如何进行资源配置，因为那是企业管理的范畴。但企业管理的重点是经营目标的实现过程，即计划、组织、领导和控制，对于目标本身缺乏经济性的考量。尽管企业有战略管理，但这是对方向优劣的取舍，并不能保证实现目标的经济性。经济性来自对规模资源的合理安排，通过公司治理来实现，这里也需要经济学原理，但很遗憾，这里成了两门学科中间的"真空"地带。

本章将论证华为的经营模式如何体现了我们所忽视的经济学原理，从中解释华为成功的深层原因，以此帮助读者更好地理解和学习先进的管理方法。

## 导入案例："人单合一"把创客小微推向一线，海尔的战斗力增强了吗？

海尔的互联网转型始自 2005 年，至今已跨越十多年。一个显著标志就是其核心概念不断变化，从"人单合一"双赢模式到"企业无边界、管理无领导、供应链无尺度"，再到"企业平台化、员工创客化、客户个性化"。海尔转型的内容虽然非常繁杂，但基本可以用"反转""联结""激活"三个动作来概括。

"反转"是要彻底调整组织结构，由"正三角"先变为"倒三角"，再变为平台型组织。反转后，组织的"主角"也随之转换，不再是管理者，也不是一般意义上的一线员工，而是具有经营能力、创业精神的"小微主"。"联结"是推倒组织边界的"墙"，内引外联，形成组织内外绵密的沟通与协作网络，促进价值共创，海尔成了开放的、无边界的网络组织，并有望成为一个有活力的生态系统。"激活"是要激发"小微"的动力，增强其能力，这是海尔能否成功的关键。海尔有五大激活机制：人单酬机制、股权机制、官兵互选机制、市场契约机制、"小微"间合并重组。

有人形象地把这次变革称为继 30 年前"砸冰箱"之后的"砸组织"。其实，海尔砸掉的不仅是原来的模式，而且是它所代表的过去 100 年所形成的制造企业传统模式，海尔尝试构建的新企业模式包括三个方面：组织生态化、管理多维化和战略创业化。按照流行的做法，这三个方面也可被概括为"去组织""去管理""去战略"。这几个"去"完全有悖于传统的企业管理模式，却十分符合当下的互联网经营方式，海尔这种大胆的改革能够成功吗？

诚然，海尔有一批创新产品的确让人眼前一亮，比如天樽空调、雷神笔记本、透明冰箱、无尾厨电、免清洗洗衣机等，它们提升了产品档次与毛利率。创客"小微"的涌现更是备受推崇，雷神笔记本、巨商汇、水盒子等，均有令人印象深刻的成长表现。此外，高利润增长率也被认为体现了转型的成果。然而，进一步的辨析和比较分析显示，情况未必如此乐观。海尔主要产品的市场占有率近几年有明显的下降。根据海尔 2019 年第一季度的财报，其营收为 480 亿元，净利润同比增长了 7.7%，而格力和美的分别增长了 16.9% 和 17%，都要远远超过海尔，而且它们的体量还更大。在净利率方面，海尔的净利率维持在 6% 左右，而美的的净利率超过 7%，格力的净利率更是达到了 12%。虽然海尔不断加大营销投入，但是其业绩被竞争对手越拉越远，高额的营销投入似乎没有达到预期的效果。目前美的市值在 3 300 亿元左右，格力的市值也超过了 3 000 亿元，而海尔的市值只有 1 000 亿元左右。由此可见，海尔的发展不仅不突出，而且略显落后。

总而言之，当以更全面的视角考察海尔的转型时，我们会发现它没有自己或支持者所宣扬的那么光彩夺目。海尔的理念、实践与探索非常吸引人，但目前为止，所产生的结果的说服力还不够强。当然，这并不是要否定海尔转型的努力，就其模式本身而言，创业是其希望所在。无论如何，在通过创新求发展的道路上，海尔比任何一个对手都更加迫切和积极。

## 案例分析

首先需要肯定的是，张瑞敏的"人单合一"几乎是中国唯一原创的系统化管理创新。华为的管理水平虽然很高，但继承的是 IBM 的衣钵。阿里巴巴的管理创新主要体现在局部，并且是从零开始自然发展，没有传统企业转型的障碍。"人单合一"与阿米巴思想有许多共通之处，但"人单合一"有自己的发展脉络。无论效果如何，在管理创新这条路上，"人单合一"是扎实的，只要能持续不断地解决新问题，这条路是可以越走越宽敞的。

"人单合一"培养了许多作为经营者的内部"小微"，这是化整为零的游击思想。当然，海尔后期也提出平台支持，但仍然把主要力量放在了前端的"游击队"。"小微"作为一种创新思想的萌发是可以的，但投入实际行动后应当被吸收为公司的战略，然后公司集中力量才能一炮打响。让各个"小微"分别投入战斗，必将兵力分散，面对市场细分程度已经相当高的现代社会，四面出击难以取得战场主动权。因此，企业的组织、管理、战略不可轻易去掉。

"人单合一"的思想借鉴了互联网企业的创新做法，但实际上新兴的互联网企业更多处于原始状态，而制造型企业往往已经有了一定的基础，因此制造业的创新不能简单地模仿"小微"，而是要走出自己的路子来。

## 第一节　微观经济学的视角和盲区

微观经济学的历史渊源可追溯到亚当·斯密的《国富论》，这个时期资本主义的大发展为经济学发展提供了土壤。亚当·斯密从工厂里的劳动分工中首次看出了经济性的来源，从而发展出经济学这门学科。

我们先从当前众多的微观经济学原理中梳理 5 个主要脉络。

### 规模经济

人类生存和生活的经济性来源于一个简单的原理——规模

经济。规模经济是当企业的产量规模达到一定水平时，各生产要素的有机结合产生了 1+1 > 2 的效应，平均成本呈现下降的趋势，这时企业的利润就会增加。例如，一个小公司雇用一个会计人员，公司就要支付一个会计人员的成本。当公司规模扩大了一倍时，会计工作仍然用一个人就够了。此时，公司规模的扩大使得资源要素的利用率得到提高，因此就产生了规模效益。这就是人们要办企业的动因。

规模是否越大越好？也不是，企业发展到了一定的规模，相互制约的因素也大大增加，内部成本会急速上升，抵消规模经济所带来的益处，当过了一个平衡点，就会出现"规模不经济"。在资本主义经济之前，人类活动的效率低，这个平衡点很快就到了，所以社会经济单元保持在小作坊的范围内，直到工业革命大幅提升了生产力，这个平衡点的到来才变慢，人类活动才开始向大型工厂和企业推进。现代企业的进一步发展得益于信息技术，它进一步解放了生产力，跨国企业可以在任何时间、任何地点开展业务活动。因此，人类始终在与"规模不经济"做斗争，努力使企业规模不断扩大，社会经济得以持续发展。

**供需均衡**

由于企业经营存在规模效应，那么生产越多，产生的利润就越多。事实真的如此吗？由于资源是有限的，人们获得需要的同时也要付出成本，因此人们对产品的需求也不是无限的，会在一定的时候达到均衡。

供需的均衡点往往在企业扩大到顶峰前就来临，这样企业扩大的一部分产能就会浪费，造成企业亏损，因此企业经营必然要瞄准市场的均衡点。但是，这个均衡点在哪里？谁都无法预知，只有让市场决定。

## 市场竞争

市场是供需均衡能够得到体现之处，因为这里有无数次的交易，这种交易的平均价格最能反映供需状况：价格上升，则说明供不应求，市场提高供给；价格下降，则说明供过于求，市场减少供给。而市场中这种无数次的交易，需要许多供应商参与，因此便形成了市场竞争的局面。

市场竞争是市场经济的基本特征。在市场经济条件下，企业从各自的利益出发，努力获得比竞争对手更多的利润。通过竞争，市场也实现了企业的优胜劣汰，进而实现生产要素的优化配置。

一个充分竞争的市场被称为完全竞争市场，这是一个理想的市场，市场买家和卖家完全根据自己的意愿自由出入，产品高度同质，人们可以轻易比价，同时生产资源具有完全的流动性，信息完全对称，市场均衡能够轻易达成。然而在现实经济生活中，这样的理想市场几乎是不存在的（通常只有农副产品市场接近完全竞争市场），因为市场均衡下企业利润趋于零，这不是企业家创办企业的目的。在市场波动中，许多企业必然倒闭，没有一定的利润，企业就没有抗风险能力。

## 垄断与市场失灵

市场竞争犹如战场厮杀，任何一方都希望占据易守难攻的有利地形，形成壁垒。在商业战场上，这种壁垒就是垄断地位。最理想的垄断是完全垄断，是在某个市场中没有竞争对手的状况；第二种是寡头垄断，是在某个市场中只有少数竞争对手的状况，这时候虽然有竞争，但寡头间容易达成默契，不让价格过低导致失去利润；第三种情况是垄断竞争，是指每个企业都有自己的特色商品，别人不容易模仿，于是在这个特色上形成垄断，但这种情况只是商品的部分特色有差异，消费者可以有很多选择，因此生产者仍然不容易控制价格。

形成产业垄断一直是企业的追求，例如早期互联网企业的厮杀最后产生了腾讯、阿里这样的龙头企业。垄断不一定都是坏事，它有利于形成更大的规模经济，从而把成本降到最低。但垄断使得市场中参与竞争的企业过少，价格容易被操纵，引起市场机制的失灵，因此需要外部干预。

## 政府微观经济政策

微观经济政策是指对经济的微观变量施加影响，以求达到一定经济目标的经济政策。微观经济政策的目标是实现收入均等化和资源有效配置，达到市场调节的目的。微观经济政策包括收入政策、物价政策、福利和教育等公共支出结构政策等，但很重要的一部分是反垄断。针对不同的垄断，政府往往分别或同时采取行业的重新组合和处罚等手段，制定反垄断法规。例如对一个垄断的行业进行重新组合，使其包含许多厂商，那么厂商之间的竞争就可以把市场价格降下来。被重新组合的行业竞争程度越高，市场价格就越接近于竞争性价格。此外，政府还可以对垄断实行管制，如价格控制或者价格和产量的双重控制、税收或补贴以及国家直接经营等。

微观经济学抓住工业革命所带来的生产力大发展的机遇，建立了一套完整的理论体系，并且在政府治理中得到应用，这是非常伟大的贡献。但是，当前的微观经济学立足市场经济，强调市场调控，对于经济活动的整个过程而言是末端控制。末端控制的好处是标准明确，简单易行，一切以满足客户需求，达到供需均衡，从而最大限度地使社会财富趋于均衡为目的。但是末端控制是事情发生了再控制，而很多发生了的事情不可挽回，例如对于已经倒闭的企业，他们的投资可能打了水漂，造成社会财富的浪费。所以计划经济的倡导者批评市场经济的自发性、盲目性和滞后性，主张用计划的方法弥补市场的不足，这样才能创造更大的社会价值。

然而，计划经济的难度显然比市场经济大很多，因为计划与结果往往有偏差，中间需要不断地调节计划或者结果，过程控制的成本也很高，苏联因计划经济失败而解体，但中国因改革开放进入社会主义市场经济，才使国家繁荣，人民生活水平得到很大的提高。西方国家推崇市场经济，因为这与他们的文化理念更相符。可以说，基于市场经济的微观经济学仍然是主流思想。

经济学的应用者主要是政府，因此微观经济学的倾向本应与企业经营无关，但实际上，市场经济在潜移默化中影响着企业的经营，我们可以从以下三方面来观察。

首先，是企业经营导向问题。企业经营的目的是什么？市场竞争告诉我们，要在市场中站稳脚跟就要争取更多的利润，成王败寇，因此企业要以收割利润为优先。在这样的规则下，资本操盘手占据优势，而兢兢业业为民服务的工匠成了牺牲品，他们往往倒在成功的半路上。市场机制没有办法识别参与者的目的和道德水准。

其次，市场经济重利润而没有积极创新。市场经济认识到供需均衡及其波动和均衡点的迁移，但采取的是一种随行就市的态度。其实，企业的创新是社会经济发展的最大动力，供需均衡不是随行就市的结果，而是要企业始终向前推动，引领市场消费，例如，乔布斯如果没有发明 iPhone，可能就不会掀起智能手机热潮，诺基亚的功能机时代可能还会延续一段时间，消费市场不会提升得那么快。市场经济思维的结果是使市场中既有创新者，也有食利者，而食利者对于经济发展弊多利少。

当前，政府推出很多鼓励创新的政策，但经济学很难识别哪些企业是真正在搞创新，哪些企业在骗取补贴，例如，国家新能源汽车的补贴政策造成新能源汽车厂商一拥而上，政策停止补贴厂商又一哄而散的局面。这说明微观经济学没有提供对企业创新计划进行深入研究的方法。

再次，市场经济没有充分发挥规模经济的作用。市场经济把企业的关注点聚焦于市场交易，使很多企业忽视或轻视生产的作用。他们急于完成市场交易，对直接参与市场交易者予以重奖，给予高额的提成。很多企业乐于接受阿米巴思想，也是希望驱使员工成为独立包干的个体户，尽快从市场交易中获得利润。这违背企业的初衷。企业的初衷是实现充分的分工，发挥规模经济的作用，而这种内部分工是无法用市场交易直接衡量的。

因此，可以说微观经济学是有盲区的。从政府的角度讲，虽然微观经济基于社会经济的个体，但它只看这些个体市场交易行为的结果，这仍然不够"微观"。真正的微观还应当深入企业的经营行为，让企业在经营过程中达到最佳配置，减少市场拼杀、企业倒闭造成的社会资源浪费。市场经济理论让"聪明的"、看懂市场规律的企业活下来，但不能保证"聪明的"企业不遭受意外，而且"不聪明的"的企业也并非不勤劳，因此我们需要用计划经济的方法让更多企业健康地活下来，共同创造社会财富。过去我们把计划经济的应用过多地放在宏观领域，现在我们可以看一看华为如何在微观领域发挥计划的经济性。

## 第二节　决胜千里的秘密

中国兵法之至高境界是"不战而屈人之兵"，即不用交战就能取得胜利，仅凭自身的实力就足以震慑对手，不用发动战争便能让对方屈服，这样敌我双方都可以将损失降到最低。历史上战争不断，我们并不能做到"不战而定乾坤"，但作为一种军事哲学思想，这始终是将帅们所追求的。对企业而言，首先是要具备在市场竞争中能征惯战的本领，但也要有更高的追求，即通过战略谋划，实施最优的策略，减少各方在竞争中的损失。

《孙子兵法》的开篇《始计篇》讲的就是庙算，即出兵前在庙堂上比较敌我的各种条件，估算战事胜负的可能性，并制订作战计划。"计"本义是计算、估计，在这里指战前的战略谋划，"始计"即一切战事始于战略谋划，可见古人对计划工作之重视，在这种决定生死的事件上，绝不能有"车到山前必有路"的想法。战略谋划是对战斗发展进程和最终结局进行预测，尤其强调用兵前的周密谋划对战争胜负的决定作用。其中，"慎战"是孙子指导战争实践的基本主张，"夫未战而庙算胜者，得算多也；未战而庙算不胜者，得算少也。多算胜，少算不胜，而况于无算乎！吾以此观之，胜负见矣。"意思是在开战之前，经过周密的分析、比较、谋划，如果结论是我方占据的有利条件多，有八九成的胜利把握；或者如果结论是我方占据的有利条件少，只有六七成的胜利把握，则只有前一种情况在实战时才可能取胜。如果在战前干脆就不做周密的分析、比较，或分析、比较的结论是我方只有五成以下的胜利把握，那在实战中我方就不可能获胜。仅根据庙算的结果，不用实战，胜负就显而易见了。

对于一个企业来说，战略部署是企业的灵魂，是引领企业未来发展的主心轴，对孕育并带动企业发展起着至关重要的作用。企业的决策如同作战用兵，必须做到三思而后行，未战而庙算胜，从而可以"谋定而后动，知止而有得"，"知己知彼，百战不殆"。

企业的战略管理早已不是什么神秘的学问了，例如现在常用的迈克尔·波特五力分析模型、安迪·格鲁夫的六力分析模型、师达·维尼提出的新 7S 原则、W. 钱·金和莫博涅的蓝海战略、巴克斯代尔和伦德的战略十步骤系统、雷蒙德·迈尔斯和查尔斯·斯诺的四种战略类型等，均为企业的战略规划和执行提供了可行的指导方法。但是，虽然很多企业设置了战略管理的机构，力图规范化地运转，战略管理却似乎总是飘忽其上，难以落地，并没有帮助企业主动地实现战略意图，实现不断做大做强的目标。这具体表现在以下三方面。

（1）战略目标缥缈，缺乏支撑依据。很多企业的战略不是自生的，而是追赶潮流，人云亦云，是拍脑袋的产物。这种口号化的战略，壮壮声势可以，用于实际就会泡沫化，不能给企业经营指出明确的航向，企业经营依然随波逐流。

（2）战略规划草率，缺乏实用价值。有很多企业并没有真正认识到战略的价值，认为战略是纸上谈兵，计划跟不上变化，所以把精力直接投入实战。企业实际上没有战略部署，再大也是散兵游勇，没有真正的战斗力，遇到劲敌一触即溃。

（3）在战略失误面前容易失去信心。从战略规划到执行结果，往往需要相当长的一段时间周期，过程中变化因素太多，战略和执行之间的偏差往往很大，这容易使人怀疑战略工作的意义，甚至失去信心。这种困难每个企业都会遇到，只要不畏艰难，屡败屡战，企业最终就能够成长起来，因此这是对企业能否接受挑战的考验。

　　企业战略管理工作难以做好，这其实是一个通病，并非完全是企业领导的责任。诸葛亮擅长谋划，能够运筹帷幄，决胜千里之外，但他始终战胜不了曹魏，完成统一大业，何故？曹魏虽没有诸葛亮这样的顶尖人才，但地域宽广，坐拥幽州、冀州、并州、青州等10个州郡，而蜀汉仅拥有益州及交州的一部分，因此曹魏人才济济，文臣武将云集，荀攸、贾诩、郭嘉、许攸、司马懿等谋臣层出不穷，诸葛亮本事再大又能奈何？

　　所以，企业的战略能力不能只体现在上层，也要体现在中层甚至基层，这是被企业战略管理工作所忽略的，但确实至关重要。华为的战略管理叫作 DSTE（Develop Strategy To

Execution，开发战略到执行），这是一种上下贯通的战略活动，即把战略管理作为一种业务，而不是领导或者参谋部门高高在上的司令部的工作。华为的战略管理有以下三个特点。

第一，战略具有协同性。华为在任正非的领导下，向 IBM 取经，实现了流程型组织变革，其特点就是改变组织运作的方式，一些行动不是自上而下地贯彻，而是以客户为中心驱动的"动车组式"集体协同，战略管理工作将 BLM 作为主要方法。BLM 是 IBM 将来源于战略管理领域的美世公司 VDBD（价值驱动业务设计）战略模型与组织行为学领域的纳德尔图斯曼组织变革模型进行结合，使得战略规划与执行统筹起来的领导力模型。领导者画了一个圈，它可以作为公司愿景，但这个长期战略目标一定要由部门短期的业务设计来支撑，即战略制定（SP）与战略解码（BP）相结合。这样，华为的战略管理就不是自上而下的，而是上下互动的，即公司战略经过解码成为部门战略乃至个人行动指南，而基层的需求又成为公司战略的来源和支撑。这种群体参与的方式，使战略意图满足业务需求，切合实际，而且从上到下思想高度一致，配合默契，执行质量高。这样的队伍一旦投入战斗，必将势如破竹。

第二，战略具备流程的支撑，融入日常工作。群体参与的战略规划必然要求秩序井然，这就需要有流程作为保证。开发战略到执行本身就是一套流程体系，即 DSTE 流程。它总共有 4 个比较大的环节，分别是战略制定、战略展开、战略执行和监控、战略评估，它是一个不断动态循环迭代的过程。战略制定是由自身感到不满引发的，而不是由人云亦云的市场热点引发的，这使得华为的战略始终围绕着业务发展和改进方面的切身利益问题。战略展开就是帮助执行层去理解公司战略，并且找到和自身的关系的过程，实现战略对齐到落地。战略执行和监控即布阵、点兵、造势和行动，这时必须在做好充分的准备后再行动，并且通过监控不断纠偏和提升。战略评估是最后用市场结果进行验证，通过复盘来不断地迭代，支撑企业长期的发展。

第三，战略能力在迭代前进。战略规划是对未来战术的规划，这毕竟是基于现有认识的一种推演，实际情况可能出现各种意想不到的因素，导致战略失误，这是经常发生的现象。战略失误可能会造成较大损失，这种损失有时会超出应有的程度，即不如临战指挥的效果来得更好，这会引起人们对战略工作意义的怀疑，有些时候甚至会误导企业放弃对战略管理的信赖。华为的战略管理流程中包含战略评估环节，即对一轮战略实施效果进行经验和教训的总结，这可以使下一轮的战略工作得到改进。这种改进只要迭代下去，战略管理能力就能不断提高，并且这种能力是留在组织中的，而不是依赖于个人能力的。

战略管理使得企业经营从做好计划工作开始，而不是直接瞄准市场，杂乱无章地进行。这种计划工作需要高水平的驾驭能力，但企业不是做不到，只要上下一致行动，坚持改进，就能逐渐显现出它的优越性。以此我们来审视计划经济，可以得到很多有价值的参考。

首先，计划经济是微观经济学需要关注的内容，而不仅仅是政府管理国家的宏观经济问题。从华为战略工作的成功经验来看，与很多企业不同的是，他们没有将战略工作作为领导者的专利，而是发动上下共同参与，以确保"庙算"能够"得算多也"。因此计划工作不是宏观工作，而是宏观与微观的结合，甚至扎根于微观，这样才能让计划得到正确的执行。我们过去对待计划经济的问题就在于把它看得太宏观，难免飘忽其上，遭到诟病。

其次，计划经济的目标是更好地适应市场。制定战略还是为了胜利，是对胜利的谋划，因此计划经济也要瞄准市场经济，而非否定之。市场经济是基础，这是人们首先要遵从的客观规律，但为了提高胜算，我们需要进一步发展计划经济，以最低的代价"不战而屈人之兵"，这才是经济中的经济。

再次，计划经济需要长期坚持才能发挥效果。计划工作天生是有难度的，因此的确存在失败的可能，而且在早期缺乏经验时，失败的可能性还非常高。但天道酬勤，只要锲而不舍地改进，每天发现一个失败因素，逐一改进，计划的准确性就会在潜移默化中得到提高。对于计划经济，我们应当凭借更多的毅力、更多的耐心去发展它。

## 第三节　驶向大规模经营的和谐号

"包产到户"是中国改革开放起航的标志性事物，全称叫

"家庭联产承包责任制"，它是农民以家庭为单位，向集体经济组织（主要是村、组）承包土地等生产资料和生产任务的农业生产责任制形式。在"包产到户"之前，中国农村进行了集体合作社改造，希望通过劳动集约性扩大生产规模，增加效益。但是，事与愿违，集体合作社在大多数地区的"吃大锅饭"做法没有提高农民的积极性，导致生产效率不升反降。

经济规律告诉我们，规模经济可以提高效率，为什么在农村集体合作社中却得不到体现？后来我们总结，是先进生产关系与落后的生产力之间存在矛盾所致。马克思提出的无产阶级领导的生产关系需要建立在大规模生产的基础上，即工业革命带来的高效率的大规模生产，使得工人去工厂劳动所得的回报大于农民直接参与生产和交换所得的回报，这样农民才愿意加入工业化行列。在农村实现机械化耕种之前，农民加入集体合作社并没有得到明显的利益改善，反而离市场更远，看不到自己应得的回报，所以在当时的条件下，农村集体合作社违背了经济规律。

但是，我们在现代企业中也经常能看到承包制现象，如阿米巴经营、多元化子公司、内部分组竞争等，这些方法往往也能把原来死气沉沉的企业搞活，这又是什么原因呢？规模经济发展到一定阶段会到达一个顶点，到了这个顶点，企业继续投入资源会出现"规模不经济"。企业的一项业务在开始阶段突飞猛进，需要大量资源投入，但后期由于种种原因，如市场趋于饱和、内部效率提升等，资源出现剩余，人员冗余。这时候产能过剩，资本回报率降低，员工报酬减少，各方面不满意的情绪纷纷产生。既然到了规模经济的顶点，企业就不能继续扩大规模了，甚至应当缩小规模，以提高边际回报，这样资本才可以得到更高的投资回报比，员工也可以因为人员的减少而相对地多分一杯羹。

阿米巴模式崭露头角时，人们发现在几次经济退潮中，很多企业衰落下来，但稻盛和夫经营的京瓷和 KDDI 公司能够逆流而上，冲进《财富》世界 500 强；然而，在经济上涨周期中，阿米巴模式却跟不上发展的节拍。究其原因，是因为阿米巴经营模式让各单元独立经营，保持着比较好的资源配比，始终保持独立生存的能力，而其他企业中存在着管理规模经营的机构，这些机构一方面提高了经营的效率，但另一方面也面临着危机，一旦受到外界影响，经营不能保持连续性，管理机构可能成为累赘。因此可以看出，承包制发挥作用有一定的外部条件，中国改革开放之初的家庭联产承包责任制是应对当时经济衰退背景之举，但随着生产力的恢复和发展，农业改革逐渐转向适应农村规模经营，消除"包干到户"的分散弊病，创新适度统一经营的生产关系，建设社会主义新农村。

另外，也有很多企业搞承包制的实质是一种变相裁员。企业经营扩张时需要招人，但当资源失调时又要去除冗员，这就使得有些企业不断地随着市场变化而在扩招和裁员之间循环。然而，这种方法毕竟损害公司信誉，不利于持续经营，因此不少企业通过承包制变相裁员，让一些团队独立经营，自负盈亏，在市场竞争中优胜劣汰。承包制的形式包括以下三种。

（1）内部承包制。企业内部承包制是指企业依据下属单位
的生产经营特点，在全面经济核算的基础上实行分级
分权管理的一种经济责任制。内部承包是授权授责，
自负盈亏，按比例分配收益，上不封顶，因此承包制
对下级单位极有吸引力，能够调动它们的积极性。但
是，企业内部承包制也给企业管理带来了一些不利的
影响，主要表现是出现了某些以包代管的现象，削弱
了上级对下级必要的指导、控制和监督，将企业公有
资源进行切割，影响这些资源应有的作用范围。另
外，实际操作中这种承包制思想会层层传递，导致层
层承包，背离社会化大生产的客观要求。

（2）大跨度多元化经营。多元化经营是企业跨产品、跨行
业的经营扩张，这种跨度有大有小，决定着多元化的
程度。一个企业的经营如果过度地集中在一个细分领
域，那么所获得的利润可能太少，不足以支撑规模化
经营，所以可以适度实施多元化战略，但各个经营领
域需要有一定的关联性，如利用原有的生产技术条件
制造新产品的同心多元化经营战略、生产新产品销售
给原有顾客的水平多元化经营战略、沿供应链整合的
垂直多元化经营战略等。但是很多企业的多元化是大
跨越、非理性的，从电子通信到旅游，从医药到建

筑，完全分不清主次，或者次要业务抢占主要业务的资源，削弱应有的主营产业，造成资金方面及管理层注意力的分散，散兵游勇式的经营单位不能形成战斗力，反而加大了企业经营的风险。

（3）内部竞争。内部竞争是把市场竞争机制引入企业内部，由不同的小组分别执行相同的任务，最后决出胜负，落后者被淘汰。比如微信刚开始开发的时候，腾讯内部有三个团队同时在做，做着做着公司发现张小龙团队是做得最好的，于是张小龙团队胜出，其他两个团队淘汰。这成了很多企业效仿的经典。其实，腾讯开发微信时已经是一家上市公司，马化腾使用的已经是投资银行的运作模式了，这和很多资金紧张的实业公司是不同的，后者总不能为内部竞争购买三套相同的设备吧？况且微信也只是一个特例，容易被人看到光环效应而忽略企业内部"合作的价值大于竞争"。内部竞争催生的是个人英雄主义，而社会化大生产并不需要个人英雄，相反，需要的是许多普普通通的人的合作。

20世纪90年代，当郭士纳接手IBM时，IBM正濒临倒闭，很多人认为他会像一般企业家处理危机那样大量裁撤、缩减规模，以降低成本，渡过难关。然而郭士纳并不这么认为，他指出，大公司拥有的众多资源是任何一个公司所向往的，大公司只要将它整合得更好，完全可以比小公司效率更高，大象也是可以跳舞的。为此郭士纳做出了让 IBM 起死回生的两个最为重要的决策。一是郭士纳力排众议，否决了前任 CEO 埃克斯留给他的一个将 IBM 进行"肢解"的方案，坚决维护大公司的优势，集中调配资源，这样才能使 IBM 向客户提供最优质的综合服务，使企业具有竞争力。事实也证明，郭士纳接手的 IBM 没有停止脚步，其触角继续向全球扩展，结果 IBM 避开了 2000 年互联网泡沫破灭带来的世界高科技产业萧条的影响。二是郭士纳改变了 IBM 的经营模式，开展了以客户为导向的流程型组织变革，消除大公司病，使组织运作机制变得灵活，实现大象也要跳舞的目标。面对企业内部和外部对这种休克式疗法的批评指责，郭士纳以坚决的态度和意志成功地说服董事会进行结构重组："如果企业的高层没有决心拿出起码 5 年的时间来进行改革，那么机构性的重组很难成功，而且难的并不在开始，而是将变革推行下去，直至达到目的。"

现在我们可以理解为什么任正非对 IBM 情有独钟了，在他心目中，IBM 在郭士纳治下并不像其他西方公司那样依赖英雄式人物，而是如 IBM 这个名称那样，成为一个机器一样的组织。这个组织不依赖于英雄式人物，也不依赖于领导的指挥棒，而是以客户为导向，依靠流程化运作自动凝结起来。任正非看到了这种组织形式背后强大的力量，这正是他塑造未来华为所需要的模式。

这种模式可以被形象地比作"动车组模式"。普通企业依赖领导者的指挥，领导者就如火车头一样拉着一节节车厢，但火车头总有跑不动的时候，所以普通火车的速度是有限的。但如果我们把动力放到每节车厢，即把业务的指挥权下放到各个业务环节，那么动力将成倍增加，列车的速度甚至能够赶上天上的飞机。

从微观经济学角度来讲，生产函数可以表示在一定技术条件下投入与产出之间的关系，即每个时期各种投入要素的使用量，与利用这些投入所能生产出某种商品的最大数量之间的关系。一个典型的生产函数如下：

$$Q=f(L, K, N, E)$$

在这个公式中，$Q$、$L$、$K$、$E$分别代表产量、投入的劳动、资本、土地、企业家才能。表面上看，产量与后面这些要素的投入有关。其中，企业家才能是一种特殊的生产要素，是关于其他要素的决策能力，是一个能够使企业之间一分高下的因素。但是，这个因素也有成为瓶颈，成为不能再继续拉动更多车厢的火车头的一天，到了那个时候，很多企业就不再增加$L$、$K$、$N$，也就停止了生产的继续扩大，而冗余的资源就开始被裁剪或变相裁剪。这样的方法显然不会让一个企业继续长大，有些企业可能永远也走不出家族企业的圈子。

很多人于是想到，能否改变$E$这个要素，即让更多人成为企业家一样的经营者，例如实行包产到户、"人单合一"、阿米

巴经营等，为经营者配备一定的资源，这样企业经营就带来了
下面这样的一组产出：

$$Q_1 = f(L_1, K_1, N_1, E_1)$$
$$Q_2 = f(L_2, K_2, N_2, E_2)$$
$$\cdots\cdots$$
$$Q_n = f(L_n, K_n, N_n, E_n)$$

这样 $Q$ 的总体产出等于 $Q_1$ 到 $Q_n$ 的总和，企业产出不就增
加了吗？但实际上这组函数中的另外三项要素实际上是被拆解
了，无法达到经济规模化的目的，产出增加，但成本往往也会
上升，依然会限制企业的发展。

IBM 和华为使用的方法是继续扩大规模，而要解决这个问
题，就不能在分散资源的情况下解决 $E$ 这个要素的瓶颈。解决
问题的方法就是以客户为中心，让每节车厢自己去驱动，形成
一个动车组。用公式来表示就是：

$$Q = f[L, K, N, (E_1 + E_2 + \cdots\cdots + E_n)]$$

企业还是那个企业，但管理者变了，管理者不是个人，而
是一个集体。华为这么多年的成功经验归根结底就是这一条：
坚持集体领导。

这里需要说明，让每个经营单元获得自我驱动的业务指

挥权，并非是说这样各个单元就可以单独行动。虽然每一节车厢都可以独立运行，但如果列车运行按一节一节车厢分别发车，就达不到整体的规模效应，因为一天 24 小时的时间是有限的，列车的每一趟运行都要分配独立的时间段，以保障行车安全，这样时间资源就不够分配，所以尽管每节车厢都有动力，但仍然要整列发车，让时间这个有限的资源也发挥出规模效应。IBM 创造的流程型组织虽然让员工自我驱动，但整个组织阵型不散，这是多元化、内部承包、内部竞争等模式不具备的优势。

## 第四节　进攻是最好的防守

电视剧《亮剑》的故事如今已是家喻户晓，主人公的原型李云龙实际上指挥过很多经典的战役，其中一个是挖地道制服山崎大队的战斗。山崎大队是一支拥有几百人的日军部队，他们偷偷地闯入了八路军根据地腹地，破坏了后方医院和兵工厂等地，因此八路军师部要求将其歼灭。山崎毕业于日本名牌大学，作战能力极强，他带领部队占据有利地形，易守难攻。八路军主攻部队发起 8 次冲锋，尽管攻击路线只有 80 米，但是就是攻不上去，伤亡数量很大。

轮到李云龙带来的独立团上了，这支刚刚重新整编的队伍不会比之前"程瞎子"的兵好多少。然而，李云龙足智多谋，知道这样硬拼就是送死，于是他命令部队开挖地道，把攻击距离往前推进 50 米，剩下 30 米就可以扔手榴弹了。结果，李云龙的部队挖到 30 米外，一次性扔了 3 600 颗手榴弹，将山崎大队炸得晕头转向，找不到北，迅速结束了战斗。

在市场经济的战斗中，也经常能遇到生死线。市场能够接受的价格确定了，企业的生死就看能不能控制住成本，成本超过市场价格，企业肯定亏损，因此大多数企业都会死守这道生死线。但是，消费需求是可以改变的，企业只要提供了更好的产品，就能改变消费者的想法，他们愿意花更多的钱购买好产品，于是价格就能被推高。

这就是创新的力量。现代创新理论的提出者约瑟夫·熊彼特认为，所谓创新就是要"建立一种新的生产函数"，即"生产要素的重新组合"，就是要把一种从来没有的关于生产要素和生产条件的"新组合"引入生产体系。企业家的职能就是实现创新，引进"新组合"。所谓经济发展就是指整个资本主义社会不断地实现这种"新组合"，而这种"新组合"的目的是获得潜在的利润，即最大限度地获取超额利润，这就相当于李云龙向前掘进的 50 米。所以企业经营不应当像"程瞎子"那样瞄着 80 米的自然空间作为冲锋距离，而应当像李云龙那样开动脑筋，用创新主动把利润空间向前推进，在一个自己期望的平衡点上完成市场交易。

关于创新，很多企业不是不向往，只是在现实中存在着一些担忧。

第一，未来太不确定，能否小步前进，走一步看一步？

　　李云龙掘进 50 米，会不会太耗时耗工？能不能先掘进 10米，扔两颗手榴弹试试，不行再掘进 10 米？不能。那样就可能暴露战术意图，让山崎早做防范。设定市场目标一定要考虑竞争对手的反应，选择合理的制高点。在诺基亚手机与苹果和安卓手机的对决中，很重要的一个因素是它们在手机操作系统定位上的差异。诺基亚很早就推出了手机操作系统塞班，支持第三方应用软件在诺基亚手机上运行，这使诺基亚占据了市场的绝对领先地位。但是塞班系统有个问题。作为一个操作系统，它本该具有很好的兼容性，比如大家使用 Windows 操作系统时，完全不用考虑个人电脑使用的是英特尔还是超威半导体的芯片，或者只要对不同版本的产品以及配置进行"傻瓜式"的安装就行，但塞班系统要求根据诺基亚不同型号的手机开发不同版本的应用，用户再根据自己的手机型号选择对应的版本下载安装。塞班之所以这样设计，是因为裁剪了很多兼容性要求，这样塞班的设计就比较简单，能够快速推向市场。在基于 iOS 的苹果手机和基于安卓系统的手机进入市场之前，消费者接受了塞班系统，因为没有更好的选择，但新型操作系统面世后，应用软件开发的高效和使用的便利性一下子征服了消费者，使得消费者对手机的需求瞬间提高一个档次，而塞班此时已经不可能升级它的兼容性了，诺基亚失去了通往智能机时代的发展之路。

　　在和平稳定的条件下，人类的经济总是在发展，GDP 总是在上升，所以企业总是在往前走，设定一个前进的目标总体上说多多少少都是能达到的。但是，企业不能因为在前进而沾沾自喜，关键是要跑赢 GDP 这个平均水准，否则企业感觉在前进，但实际已经掉队。

第二，发展的步子大，会不会使自己成为牺牲品？

有些企业过于追求创新，它们的期望与客户的需求难以形成交集，到达平衡点，那么它们的投入就得不到市场回报，梦想就会破灭。比较典型的就是摩托罗拉的铱星计划。铱星计划革命性的想法最初来自摩托罗拉的工程师巴里·伯蒂格，由于他妻子在加勒比海度假时抱怨说她无法用手机联系到她的客户，这种需求就成了摩托罗拉工程师们的下一个梦想，他们用 77 颗近地卫星组成的星群，让用户在世界上任何地方都可以打电话。77 个电子围绕原子核旋转，这是金属元素"铱"的结构，因此这项计划就被称为铱星计划。铱星系统于 1996 年开始试验发射，计划 1998 年投入业务，总投资为 34 亿美元，设计使用寿命为 5 年。按照测算的成本，铱星计划的购机价格约为 500 美元，租金 0.65 美元每分钟，按理说这是消费者可以接受的价格，但是现实条件是卫星通信有其不足的一面，即不能在室内和车内使用，这和 GPS（全球定位系统）是一个道理。人们大部分时间都是在室内的，因此首先要将室内到室外的网络建设好，然后再考虑卫星互联，这将在 6G（第六代移动通信技术）中考虑解决，而当前我们才刚刚起步 5G。

摩托罗拉的梦强太超前，这笔实际耗费 50 亿美元的投资，要实现盈亏平衡至少需要 65 万名用户，但摩托罗拉费尽千辛万苦，直到破产也才只发展到 5.5 万名用户，连借款利息都偿还不起。1999 年 3 月 17 日，铱星公司正式宣布破产，从正式宣布投入使用到终止不足半年时间。

但是人类不能没有梦想，不去梦想翱翔我们就不会有飞机，不去梦想随时随地联络他人我们就不会有手机。梦想就是要去最远的地方，站在珠穆朗玛峰的顶端。但是，在通往珠峰的道路上我们得活着，所以华为有句话叫"在攀登珠峰的征程中沿途下蛋"。在华为搞不搞无人驾驶的话题上，任正非说："无人驾驶是一个领袖型产业，是一个珠穆朗玛峰。我们要在攀登珠峰的征程中沿途下蛋。将来即使我们不能在马路上无人驾驶，也可以在生产线上使用，管理流程中使用，低速条件下的工作中使用。"这就是实现战略过程中的路标，在大目标下要设一些过程性目标，从北京到广州，不要一下子走到底，可以在中间路过的城市补充给养，但心中始终要有个方向。

市场经济的周期性波动正反映出创新过程中的非连续性和非均衡性。大部分企业的创新活动瞄准市场，一个创意可能引来集中的投资，一波高潮后只能等待下一波高潮，企业不能做到连续地、稳定地发展。因此，我们应当建立企业的愿景，引导创新活动成为"例行事物"，让投机行为减少，直至消亡，资本主义不能再存在下去，社会将自动地、和平地进入社会主义，这是熊彼特理解的社会主义。

第三，没钱支撑理想怎么办？

创业需要投资，投资需要资金，这是很多人的共识。其实，创业需要的是资本。什么是资本？资本是具有经济价值的物质财富或生产的社会关系。许多人认为资本是金钱，那是因为只理解了前半句，实际上资本还包括社会关系。刘邦这样的人虽出身草莽，但他有动员社会力量的能力，这也是一种资本。人们看重金钱，是因为它带来的信任感能够比较容易地成为号召力。所以，创新不一定非要直接找资金，也可以找能够达成共同理想的、有号召力的合作伙伴。这些伙伴并不排除提着钱袋子的金融资本，但合作的前提是要志同道合，而不是单纯的资本增值。

东汉末年，大将军何进为平叛阉党之乱，昭董卓率军入京，不想反而引狼入室，被董卓控制全局，不得善终。很多创业者与资金的结合，并未走入理性的发展道路。有些创业者被资金逼着进入攫取利润的赛道，反而竭尽精力而亡。所以，选择合作伙伴，首先是要选择"正义之师"。

比如孙正义就很"正义"，他给马云投资，采用了"同股不同权"的模式。虽然那时他是阿里巴巴最大的股东，但他仍然给公司创始人马云保留了足够的表决权来控制公司。香港交易所最初不认同这种"同股不同权"的股权结构，认为不按资金分配权力是不民主的做法，因此拒绝了阿里巴巴最初的上市申请，迫使阿里巴巴赴纽约交易所上市，香港交易所因此错失了一家高速发展和拥有高额红利的明星企业。最终，香港交易所用了5年时间明白了一个道理，资本运作要依靠那些实干的企业家才能真正走得远，2018年4月24日，香港交易所发布IPO（首次公开募股）新规，允许双重股权结构公司上市。

2019年11月26日上午，阿里巴巴在香港交易所主板挂牌上市。

创业者争取资本，需要凭着自己长远的理想和踏实的做法说服拥有资本的合作伙伴，运用好各种方法。马云的"同股不同权"是一种方法，华为的"知识资本化"也是一种方法，还有许许多多别的方法，没有统一的原则。创业者完全凭着自己的智慧，与资本方达成理想的合作条件。

## 第五节 谁是企业的明星

中国古代的中原王朝盛极而衰，起于千年以前的唐宋之变。经济发展富裕之极，文化昌盛之极，军事装备强大之极，但是"唐诗宋词"终究敌不过枪炮箭弩，被看似"野蛮落后"的北方民族征服。我们当前进入了一个娱乐经济的时代，影视明星的身价远远高过科技研发领域的经济栋梁，他们吸收到了最多的社会财富。2020年新冠肺炎暴发后，社会各界伸出援助之手，其中很多影视明星十分抢眼，他们也非常慷慨，捐出几万、几百万、几千万甚至上亿元的善款。但是，面对病毒冲锋陷阵的是受过多年高等教育的医护人员，甚至是德高望重的专家、院士，他们只是在上战场时才被大众想起，而大众大把的钱已经打赏给明星，再由明星出面捐赠，这是否有些悲哀呢？

明星是带动娱乐的龙头，其实这本身并非坏事，人们需要休憩，而劳逸结合也是为了更好地工作。明星的高收入也只是表面现象，因为更多的人努力一辈子也没有成为明星。但是娱乐得有度有节，整个社会总体上不能娱乐至上而放下发展生产力，过于追求安逸会导致国力废弛。

一个企业往往也有一些明星，例如很多企业会定期排列销售排行榜，以奖励先进员工，激发落后员工努力拼搏。但是这样的明星很多都来自销售部门，一方面他们的工作容易通过销售额直接得到体现，可以直接量化，另一方面销售的临门一脚直接决定了比分，就像后卫、中锋动作做得再好，足球比赛也不可能像自由体操那样按动作计分。这使得几乎每个企业都会对销售部门和销售人员提供提成制的激励，把销售视作企业的顶梁柱。

经济学的生产要素与分配理论告诉我们这样一个原理：消费资料的任何一种分配，都不过是生产条件本身分配的结果。也就是说，收入分配要按各种生产要素贡献进行分配。由于劳动、资本、土地等生产要素在价值形成中都发挥着各自的作用，所以如何进行分配成了难题。一种观点认为，生产要素按贡献参与分配，是指按生产要素在生产财富（使用价值）过程中的贡献分配，而不是指它们在创造价值过程中的贡献。这种观点的核心思想是，生产要素是在"财富形成"中发挥作用的，例如，消费者购买某个保险产品，主要是因为保险推销员的努力，如果这位推销员推销别的公司的产品，那么这个客户也就买别的公司的保险了。基于这种认识，企业自然就格外注重那些直接能签来合同的岗位，为此努力在这些岗位上打造明星，为他们提供单独的提成政策，让他们直接分享企业的收入。

　　但事实上，一个足球队不可能完全指望前锋，在企业中，每个岗位都发挥着同样重要的作用，所以另一种观点认为生产要素是在"价值形成"中做出贡献的，因此生产要素应当按在价值形成中的贡献进行分配。这种观点比较符合马克思的社会主义设想，即在扣除了资本等其他要素的应有回报后，剩下的剩余价值应当按每个人的劳动贡献进行分配，即按劳分配。这种方法在实际执行中比较困难，因为消费者不会直接为球队的中锋和后卫喝彩，企业无法从市场中得到价值分配的依据。大多数企业能做的是推崇前锋这样的岗位，然后再依次展开内部市场竞争，有能力者当前锋，竞争不到者当后卫。

　　但是华为坚定地选择了后一种方法，实行"以奋斗者为本"的机制，基于员工的价值创造进行价值评价与分配。华为从来不给销售提成，销售和其他所有岗位一样，以岗定级、以级定薪，人岗匹配，易岗易薪。对不同岗位的人员，都统一按照全方位的 BSC 原则进行考核，使得不同岗位的职能和员工都在相同的尺度下接受考核，分出各个领域的"明星"。在华为这辆战车上，胜利是最重要的，而不是观众给前锋的喝彩最重要。只有走到冠军的领奖台上，才能获得最多的喝彩。

　　与很多企业关注前锋不同，华为似乎更倾向于关注后卫，即研发部门，因为研发是使企业能够主动掘进 50 米，进入理想空间，推动市场供需均衡点前移，实现企业战略目标的根本保障。这就是华为的"技工贸"战略。

　　"技工贸"与"贸工技"是中科院院士倪光南针对联想集

团改制提出的问题。中国改革开放后诞生的第一批高科技企业中，最有名的是四通、联想和方正，如今其中两家已经倒闭，联想虽然存在，但与华为等许多高科技企业已经不能相比。当时这三家公司为什么能兴起？因为它们各自都有自己的创新产品，它们是从科技成果转化起家的，靠的是创新的产品。但是，它们的创新能力后来为什么降低了？倪光南以联想为例给出了答案。

倪光南首先提到了联想成立的背景：当时中科院推行"一院两制"，计算所创办计算所公司（联想的前身），不是简单地创办，而是把一个实体分离出去，是在很短的时间内投入了130多名有经验的科技人员，带着价值上亿元的知识产权，带着工资、场地、设备，还有计算所的商誉和贷款担保能力等去创办的。计算所公司是依托这样一个强大的创新实体发展起来的，不是某个人创造出来的。

联想在2000年左右进行的股权变迁导致计算所的股权被归零，结果是高管获得了很大比例的股权，而投入知识产权的计算所科技人员没有股权。"联想股改的最大问题是将科技人员知识产权归零。"倪光南如是说。

因此事实上，联想削弱了计算所科技人员的积极性，他们的话语权也变得非常弱。经济基础决定上层建筑，当搞业务和销售的人掌控了公司，公司在科研创新上的投入就显得金额大、风险大，收益却不如销售那样实实在在地看得见。另外，基于当时的科技条件，国外很多技术优于国内，市场需求很多，贸易产生的利润来得更快，所以联想的发展路线就从"技工贸"转为"贸工技"，公司的"创利"能力快速上升，但创新的能力迅速下降了。

倪光南指出，在1988年到1995年的第一阶段，联想的"技工贸"胜过了华为的"贸工技"。在1995年，联想销售额达67亿元，是华为的4.5倍。从1996年到现在处于第二阶段，华为的"技工贸"胜过了联想的"贸工技"。2001年，华为销售额超过联想，截至2018年12月22日，联想市值81亿美元，据估值华为价值已超4 000亿美元，二者相差接近50倍！要知道，想当初联想依靠中科院的大树，要人有人，要钱有钱，要市场有市场，无论是产品研发能力，还是市场销售，都让白手起家的华为望尘莫及。

公允地说，柳传志实现的"贸工技"并非不重视技术，2004年12月8日，联想董事长柳传志与IBM副总裁约翰·乔伊斯正式签约，联想以6.5亿美元现金及价值6亿美元的股票，总计12.5亿美元拿下了IBM全球个人电脑业务，使得联想公司拥有了当时世界上最好的个人电脑生产和研发能力。但是联想的问题出在"技""工""贸"的比例上。由于联想是受资本制约的上市公司，柳传志不可能像任正非那样敢于按照自己的战略意图进行资源配置，把大把的利润投入有风险而回报周期长的研发工作中去。我们看到，联想在过去10年的研发投入不及华为1年的投入，这样悬殊的比例怎能让两家公司不拉开差距呢？

当然，华为也不是从一个极端走到另一个极端，并非只把研发人员当作企业的明星。这里的研发并非只是产品研发，实际上每一个领域，无论是销售还是服务，无论是供应链还是财务，各个部门都要有自己的"研发"，来推动自己的业务朝着更高、更好的水准发展，销售战术创造、供应链效率提升、财务风险防范，这些都是为企业创造价值，这些领域创造价值的带头兵都是企业的明星。一个企业推崇这样的明星，就不会在歌舞升平中沉沦，而是会永远奋发向前！

## 第六节　市场竞争第五态

一个企业的市场地位是指企业在社会或行业中的荣誉和声望，这些荣誉和声望使得这个企业具有一定的领导力和影响力，拥有更加广泛的与客户和关联方，获得较为全面的信息，因此容易掌握市场的主动权。此外，市场地位也有助于企业获得优质的资源，如高端人才等，使企业步入顺境，加速发展。

过去，我们看待一个企业的市场地位主要看它的竞争力。在丛林法则下，只有那些参天大树才能获得更多的阳光和更充足的水分，因此企业的目标就是尽快长成参天大树。微观经济学的市场理论（也称厂商均衡理论）刻画了市场竞争的4种竞争状态，即完全竞争市场、完全垄断市场、垄断竞争市场、寡头垄断市场。完全竞争市场又称纯粹竞争市场或自由竞争市场，是指一个行业中有非常多的生产销售企业，它们都以同样的方式向市场提供同类的、标准化的产品（如粮食、棉花等农产品）的市场。卖方和买方对于商品或劳务的价格均不能施加控制。在这种竞争环境中，买卖双方对价格都无影响力，只能是价格的接受者，企业的任何提价或降价行为都会造成市场对本企业产品的需求骤减或利润不必要地流失。因此，产品价格只能根据供求关系而定。完全垄断市场是指在市场上只存在一个供给者和众多需求者的市场结构，并且该厂商生产的商品没有任何接近的替代品，其他厂商进入该行业也极为困难或不可能，所以垄断厂商可以控制和操纵市场价格。垄断竞争市场和寡头垄断市场是不同种类的可替代的商品市场，是介于完全竞争和完全垄断的两个极端的市场结构之间的中间状态（也称为不完全竞争市场），后者的竞争者较少，更靠近完全垄断市场，而前者竞争者较多，更靠近完全竞争市场。毫无疑问，基于这种理论，企业的经营目标就是努力在某一个市场中战胜更多的竞争对手，使得竞争者越少越好，这意味着能够获得更多的利润。当然，过度垄断也会破坏市场秩序，受到反垄断法的限制。

但是，我们看到现在，一个具有领导力和影响力的企业未必完全依靠自身的实力，它也需要合作伙伴众星捧月。例如微软、苹果、谷歌，它们不是一个公司在战斗，而是在培养一个生态圈，这不是公司与公司间的竞争，而是生态圈与生态圈的竞争。这个现象告诉我们，现代市场经济不仅仅有竞争，还有合作，是竞争与合作交织的结果。这应当是市场竞争的第五种状态——生态竞争市场（也可以称为群体竞争市场）。

之所以要单列出这种竞争市场状态，是因为它有别于前4种状态。首先，它不是完全竞争和完全垄断，而是不完全竞争的一种状态；其次，它并非单兵作战的垄断竞争，因为一个生态圈由多个甚至许多个企业构成；再次，它也不是寡头垄断，因为这个"群"虽然有"群主"，但离不开参与者的支持和帮衬。很明显，生态竞争市场是处于垄断竞争市场与寡头垄断市场之间的状态。

生态竞争市场晚于前4种竞争市场状态出现，是因为经济发展到今天，技术创新已经越来越依赖于群体合作。例如一块芯片、一款软件或者一台智能设备背后都是成百上千名工程师共同的努力，过去那种单枪匹马就能闯出一片天下的机遇已经越来越不可求。因此，确立这种基于群体合作的生态竞争模式有利于改变企业的经营思路，使企业从过去那种着眼于自身竞争力的定位转变为开放的、合作的、谋求共赢的定位，更好地适应现代经济环境。

"生态系统"原始的意思是，生物之间、生物与环境之间相互作用的统一整体。直到1993年，美国经济学家穆尔才首次提出"商业生态系统"的概念：以组织和个人的相互作用为基础的经济联合体，是供应商、生产商、销售商、市场中介、投资商、政府、消费者等以生产商品和提供服务为中心组成的群体，他们相互作用和相互影响，形成共生关系，即经济共同体。例如，微软与它的应用开发商形成一个阵营。离开应用开发商，微软的 Windows 操作系统就推广不出去，而应用开发商基于 Windows 平台，又可以快速而低成本地开发出应用软件，他们与习惯于使用 Windows 的用户形成了一个生态圈。

通常一个生态圈的形成需要一个核心企业作为主导，这个企业如同一个群的群主，积极组织与营造这个生态圈，例如，腾讯和阿里巴巴分别营造了自己的生态圈，建立了两个软件帝国，而京东、小米也通过构建互联网营销平台组成了自己的物流或者产品生态圈。它们的共同之处在于创始人具有远大的战略构想，而建立这些生态圈就使这些创始人利用社会资源参与了梦想的实现。

然而，华为的生态圈似乎并非一开始就朝着这个梦想而去，而是在"被动"中不知不觉地形成的。当然，当今的华为确实具有"主动"构建生态的能力，如推出自己的操作系统，必将形成一批这个平台上的开发商，但这个能力是华为过去数十年积累的结果。如果回顾过去，华为作为非上市公司，没有雄厚的资金实力，只能在市场的狭缝中寻找生存机会，这样也能构建生态圈吗？

"被集成战略"是华为的长期经营指导思想之一。所谓"被集成战略"是指将自己定位于客户和合作伙伴的服务资源，从客户的获利中获利。例如华为长期坚持服务于网络运营商，提供技术和服务支持，但自己绝对不直接从网络运营中获利。也就是说，在网络世界的生态圈中，华为甘当绿叶，不做鲜花。这种指导思想现在仍然起着作用，例如在车联网大潮中，很多科技企业纷纷转向造车，但华为仍然坚持说自己永远不会造汽车，只做车联网的模块，汽车中的电子部分。"边缘计算是我们做的，我们可能会是全世界做得最好的。但是它不是车，我们要和车配合起来，车用我们的模块进入自动驾驶。因此，我们不会跨界，我们是有边界的，以电子流为中心的领域，非这个领域的都要砍掉。"任正非如是说。华为面向企业客户选择"被集成战略"的根本目的是不与合作伙伴形成利益竞争关系，充分激发合作伙伴的积极性，这首先是一种商业模式的选择，其次是要约束自己，有所为，有所不为，不为追求短期的销售而对各种项目大包大揽，而偏离自己的业务主航道。

甘当绿叶，不做鲜花，华为把自己融入生态，这种融入的方法就是具有战略眼光的供应链管理。通常企业对供应链的理解，讲的主要是企业内和企业外第一链的管理协同，而华为向IBM取经，实施了ISC，其思想是企业所在产业链上从原材料到终端销售段整条链上企业的协同，更多的是一个战略性的链条，而不仅仅是策略采购性质的合作。所以华为基于供应链管理，可以在产业关联的领域拉通整个链条的信息流动，不仅仅在自己的直接接触面拉通信息流动，而且可以延展到前二链或者三链，参与乃至主导信息规范和沟通机制。例如，关于车联网的研究，华为虽然只生产电子模块，但对传感器、动力、机械等基础领域也要进行研究，这样才能在电子模块上做得最好。华为具备了这种强大的"护花能力"，便带来了鲜花围绕绿叶的另一种生态景观。这也是一种企业生态。华为的企业生态有以下这样一些特征。

（1）以客户为中心。一般的企业生态几乎都要有一个核心的产品平台，企业据此为社会提供服务，而华为从业务的机理出发，关注到产业链的每个环节，不仅仅顾及自己的客户，也关注客户的客户，通过"被集成"传递服务能力，以此构成企业生态。

（2）充分发挥合作伙伴的主导作用。在一般的企业生态中，合作伙伴往往处于配角地位，而华为"被集成"的定位实际上是要保持合作伙伴的正面地位，以此保障合作伙伴的利益。

（3）建立扎实的企业间合作基础。一般的企业生态链犹如从生物链顶端开始，参与者为了利益走到一起来，但也可能因为利益一哄而散，但华为是从生物链末端开始集成，关注的是企业间生产关系的优化和整合，建立稳定的基础建设，从而可以形成牢固的合作关系。

（4）合作伙伴更加多元化。华为这种从生物链末端开始集成而形成的合作关系，并非直接以利益为导向，因此华为对合作伙伴的选择更为宽广，将成为多元化发展非常好的起点，会拥有更为宽广的市场空间。

不过，我们应当看到现在的华为是"集成"与"被集成"兼备，有些业务已经呈现出集成性的特征，如云业务、鸿蒙操作系统等，这也是到了一定时期必须担当起一定的责任。但是，我们不能看到如今华为的市场地位，就把它的成就归因于其市场优势，我们永远不要忘记华为的"被集成"之路，这可能是更值得广大企业家思考和学习之处。

## 本章小结

本章从微观经济学视角出发，以华为的经营为背景，介绍了企业应有的市场行为准则。本章包含以下内容。

- 市场经济虽然是现代社会最根本的基石，但也有其自发性、盲目性和滞后性问题，这也影响着企业的经营思想。
- 企业经营不能直接瞄准市场，而是要有战略、有规划，引入计划经济思维。
- 企业的经济性来源于规模效应，因此要避免承包制、多元化经营和内部竞争思维。
- 市场需要依靠创新来引领，这样才能让企业进入高利润蓝海。
- 企业要让各个环节发挥价值，而不是培养市场销售明星。
- 企业生态圈竞争是市场竞争的新状态，而形成生态不一定完全靠资本实力，华为的"被集成战略"也是一种方式。

第五章

华为宏观经济学

社会主义同资本主义比较，它的优越性就在于能做
到全国一盘棋，集中力量，保证重点。[①]

**——邓小平**

———————————

① 邓小平.邓小平文选：第 3 卷［M］.北京：人民出版社，1993：16–17.

## 本章概述

    宏观经济学是使用国民收入、经济整体的投资和消费等总体性的统计概念来分析经济运行规律的一个经济学领域。宏观经济学是相对于微观经济学而言的,是西方经济学中研究一国经济总量、总需求与总供给、国民收入总量及构成、货币与财政、人口与就业、要素与禀赋、经济周期与经济增长、经济预期与经济政策、国际贸易与国际经济等宏观经济现象的学科。

    企业虽然没有一个国家那么大,但当规模发展到一定阶段,企业也不能事事深入底层,事无巨细地管理,也要有一定的宏观思维。这种宏观管理的方法不仅仅要把握做事的层次,而且要在组织与治理方式上发生根本性的变化,它不是直接从微观管理上发展出来的。具体地说,公司治理也要抓住内部的财政和货币"政策",为企业的经营目标服务。

## 导入案例：海南航空集团的债务问题

海南航空（简称"海航"）于 1993 年成立，曾经是中国发展最快、最有活力的航空公司之一。自 2017 年末突发流动性风险以来，在各方支持下，海航集团积极开展自救，但未能彻底化解风险。受 2020 年初新冠肺炎疫情叠加影响，流动性风险有加剧的趋势。2020 年 2 月 29 日下午，海航集团宣布被接管。

与很多从里烂到外的倒闭企业不同，海南航空一直是中国非常优秀的航空公司。海南航空的票价一直是性价比最高的。价格最亲民，服务最周到，机型最先进，管理最严格，环境最优良，甚至飞机外部喷绘的图案也是最亮丽的，海南航空被 Skytrax（一家英国顾问公司）评为"五星航空"，是中国唯一获得这个荣誉的公司。此外，海南航空也很注重安全，在 2017 年的权威机构 JACDEC（客机坠毁数据评估中心）的评比中名列世界第三，只排在中国香港国泰航空和新西兰航空之后。这个成绩将国内其余 40 多家航空公司远远地甩在身后，展现了过人的管理本领。

然而，自 2000 年起，海航集团开始了多元化经营，并且涉足各种海外业务，包括收购酒店和投资地产等。经过近 20 年的发展，海航集团拥有了海内外共计 8 000 多家酒店，地产和金融资产则数不胜数。此时，航空运输早已不是海航集团的主业。据不完全的统计，2016 年底，海航集团的航空资产只占15% 左右，海航通过贷款、抵押、融资、收购等方式进行跳跃式发展，已经是个不折不扣的多元商业帝国了。

2015 年末，海航总资产为 4 687 亿元，2017 年末海航的总资产是 1.5 万亿元，《财富》世界 500 强的排名也从 2015 年的 464 位，猛升至 2017 年的 170 位。也就是说，海航仅用两年时间就超越了 293 家优质大型企业。与总资产对应的数字是，2015 年至 2017 年间，海航在全球的并购资产超过 400 亿美元，约合人民币 2 600 亿元，疯狂且激进。而这些用来并购的钱，是通过银行借款、发债、融资等大举借债的方式得来的，也就是我们俗称的"杠杆收购"。

理论上讲，当企业的经营业绩足以支撑并购造成的负债和资金成本时，这一融资模式就是良性循环，企业不会瓦解。但事实上，一个致力于金融操作的企业，如何能同时沉下心来做好实业？一旦业绩无法支撑负债和成本，这一融资模式就会变成一个雪球，不能及时停止，雪球会越滚越大，一旦贸然终止，就有可能造成全盘崩塌。

不幸的是，规模扩大后的海航，其经营业绩并没有出现强势上涨的势头，甚至在最后已经无法支撑并购造成的负债和资金成本。海航先停止了并购行为，再抛售资产换取现金流，但这只能暂时缓解债务困境，想要做平杠杆或大幅度降低负债率几乎不可能，因为债务本身的利息在上涨，集团的运营不可能中断，运营成本依然存在。

2020 年的新冠肺炎疫情对航空业是一次打击。对一般的航空公司而言，相对健康的财务状况可以让公司坚持一段时间，克服当下的困难，而对海航来说，它本来就被负债压得喘不过气来，此时一点点断粮就可能成为压死骆驼的最后一根稻草。好在地方政府及国家监管机构比较重视，它们进行接管，处理和重组了海航债务，否则海航就可能进入破产程序。

**案例分析**

海航的债务问题出在海航集团的管理层。作为最优秀的航空公司之一，海南航空完全可以乘胜追击，获得航空运输及相关领域更大的市场空间。然而，大量的多元化经营将它从成熟领域吸到的资金投入未知领域，舍本逐末。此外，海航的投资不顾财务健康，过多地使用杠杆，追求一时之快感，把痛苦留给了今后的岁月。

## 第一节 烹小鲜亦如治大国

一个理想的市场中应该只有两种人：消费者和厂商。他们公买公卖，钱货对等。但事实上，交易秩序不是天然能够维持的，每个人都有主观判断，在一起很难找到"公平"的共识，加之力量对比的差异，可能导致暴力事件，因此市场秩序不能完全由私权维持，需要大家交出一部分公权，让政府来担当裁判，行使管理的职责。

但是，政府维持运转也需要付出成本，因此企业和个人都要缴纳一定的税用于政府支出，为政府管理工作所需的商品和劳务等各种支付活动提供资金。政府花钱修建道路、设立法院、提供国防、开办学校等公共事业支出，以及转移支付、公债利息等调剂经济运行所花费的成本，也需要用税收来覆盖。于是，在国民经济中，政府担当了一个特殊的角色，犹如一个家庭的家长，也犹如一个企业的领导层。

政府是国家进行统治和社会管理的机关，是国家表达意志、发布命令和处理事务的机关，实际上是国家代理组织和官吏的总称。政府的核心职责是发展国民经济，为此延展了一系列的职能，如维护国家安全与主权、加强国防建设是为了提供稳定的经济环境，消除社会隐患和内部腐败是为了维护国内经济秩序，控制污染、保护生态环境是履行对公共事业的义务，推广先进科学技术和经验、鼓励创新创造是为企业提供服务，监督市场社会和奖优罚劣是为了优化经济和社会结构，城乡建设是为了提高生产生活效率，发展教育是为了可持续发展……林林总总，方方面面，每一项工作都是经济工作必不可少的环节和支撑，每一项工作的缺失都会导致经济发展的不平衡。

这些都是专业性的工作，因此国家要把这些工作分配到不同的专业部门。例如，中国历史上实行得最多的三省六部制，就是中国古代的一种政府分工模式。

国家的这种治理结构和模式似乎也同样复制到了企业。我们看到，很多企业都有人力资源部、财务部、销售部、研发部、监察部等，和政府的组织模式大体上是一脉相承的。但实际上，这些管理部门的作用有很大的区别。政府的职责是管理国家，企业的职责是经营业务，即从事生产交换活动。政府部门发出的行政命令、制定的法律法规是企业必须遵守的，但是企业的管理部门未必有至高无上的权力，因为企业内各个部门的意见从各自专业视角出发，往往是不统一的，需要最高层进行决策。例如，销售部门要签订一份合同，但财务部门可能反对，因为交易条款中有不利于公司的内容，交付部门也反对，因为交付压力超过正常标准，那么这样的合同签还是不签？是放弃业务还是与客户再谈判？或者提高交付效率以及采取风险规避措施？这一切交给 CEO 来定夺。这样，企业的管理部门就没有真正的决策能力，而只是 CEO 的参谋部门。

迄今为止，职能制的组织结构并未在企业中得到普遍的运用。职能制这种结构要求行政主管把相应的管理职责和权力交给相关的职能机构，各职能机构有权在自己业务范围内向下级行政单位发号施令。因此，作为下级的员工除了接受上级行政主管人指挥外，还必须接受上级各职能机构的领导。职能制的优点是能适应现代化工业企业生产技术比较复杂，管理工作比较精细的特点，能充分发挥职能机构的专业管理作用，减轻直线领导人员的工作负担。但其缺点也很明显：多种职能部门分别指挥，形成了多头领导，不利于建立和健全各级行政负责人和职能科室的责任制，在中间管理层往往会出现"有功大家抢，有过大家推"的现象；另外，当上级行政领导和职能机构的指导和命令发生矛盾时，下级就会感到无所适从，影响工作的正常进行，这容易造成纪律松弛，生产管理秩序混乱。

绝大部分企业的组织结构骨架是直线-职能制。这种组织结构形式是把企业管理机构和人员分为两类：一类是直线领导机构和人员，按命令统一原则，对各级组织行使指挥权；另一类是职能机构和人员，按专业化原则，从事组织的各项职能管理工作。直线领导机构和人员在自己的职责范围内有一定的管理权和对所属下级的指挥权，并对自己部门的工作负全部责任；而职能机构和人员则是直线指挥人员的参谋，不能对直线部门发号施令，只能进行业务指导。例如，财务部门发现准备签订的合同有风险，他们只能提出建议，但不能就此否决合同的签订。直线-职能制的优点是：既保证了企业管理体系的集中统一，又可以在各级行政负责人的领导下，充分发挥各专业管理机构的作用。其缺点是：职能部门之间的协作和配合性较差，容易形成部门墙，职能部门的许多工作要直接向上层领导报告请示后才能处理，这一方面加重了上层领导的工作负担，另一方面也造成办事效率低下。

直线-职能制这种重直线、轻职能的模式永远不可能让企业走向超大规模发展的道路，因为直线制实质上就是科层制。科层制即所谓的一级管一级的模式，它为企业提供了一种高效率的、理性的组织管理模式，使企业获得极强的执行力。但是，随着层级的加深，科层超过一定界限后将对基层运作产生不良影响，例如，它会遏制员工的创造力和自由，因此很多企业发展到一定规模后都会患上大企业病，失去发展动力。企业规模发展到一定的瓶颈期，就不能依靠直线制带来的"人治"能力进行管理了，而是必须依靠职能带来的各种专业的"法治"能力。所以，企业要持续扩大规模，就需要学习政府治理的这种职能管理能力。

学习政府的职能管理能力并非要轻视直线制的作用，而是要两者并重。虽然政府组织结构也呈现出国家-省区-地市-乡镇的直线管理结构，但这属于职能内的行政管理机制，而真正做业务往往是要跨职能联合行动的，这时就要以一个共同的目标使"直线指挥"贯穿组织的行动，这个目标在企业叫"以客户为中心"，在政府叫"以人民为中心"。政府如果不以人民为中心，职能的权力必然逃出笼子，滋生腐败。企业如果不以客户为中心，必然失去客户这一源泉，在市场竞争中被淘汰。

华为践行了这种组织形成，即流程型组织。流程型组织是由管理权和指挥权双向权力系统构成的矩阵组织，以流程驱动工作，以客户满意驱动流程质量，充分贯彻职能作用，实现以客户为中心的业务拓展。这里的管理权是按专业职能进行管理，即使是销售部门，它也是执行一项专业管理，而不是拿着签署合同的大棒子挟天子以令诸侯；而指挥权是在实际业务中指挥跨部门团队的权力，例如，销售可以在销售业务中指挥跨部门团队，但研发、财务等部门在自己负责的攻关项目上也可以指挥包括销售人员在内的跨部门团队。

只有理解了国家和企业的治理体制问题，才能真正理解家国一体的道理。治大国如烹小鲜，而烹小鲜亦如治大国。企业要发展壮大，跨过大企业病的障碍，就要跳出仅仅依靠微观经济学的方法，掌握宏观经济学的原理，提高和完善企业的管理水平。

## 第二节　华为的"财政政策"

一个国家的财政政策，是指国家制定的指导财政分配活动和处理各种财政分配关系的基本准则，它是客观存在的财政分配关系在国家意志上的反映。在现代市场经济条件下，财政政策又是国家干预经济，实现宏观经济目标的工具。政府通过财政政策，合理安排财政支出、税收和借债水平，可以促进就业，减轻经济波动，防止通货膨胀，实现稳定增长。

宏观经济学的兴起与凯恩斯主义学派（又称"凯恩斯主义经济学"）有着很大的关系。凯恩斯在其著作《就业、利息和货币通论》中主张，一个国家可以采用扩张性的经济政策，通过增加需求促进经济增长，即扩大政府开支，实行赤字财政，刺激经济，维持市场繁荣。18世纪末以来的经济学建立在"不断发展生产，从而增加经济产出"的观点上，而凯恩斯则认为，对商品总需求的减少是经济衰退的主要原因。由此出发，他指出，维持整体经济活动数据平衡的措施可以在宏观上平衡供给和需求。

凯恩斯主义经济学理论主张扩张性财政政策（又称"积

极的财政政策"），它是指通过财政分配活动来增加和刺激社会的总需求，主要措施有增加国债、降低税率、提高政府购买和转移支付。换句话说，政府本身也更多地承担"经济人"的角色，在市场低迷的时候主动出击，可以抵消市场低谷对经济持续性的破坏。例如，许多国家会在经济萧条时期投资一些基建项目，一方面促进了就业，另一方面也能带动许多行业产能的持续运行。

但是，尽管凯恩斯主义在许多国家的实践中均有应用，但仍然一直受到自由经济支持者的反对。例如，新古典宏观经济学认为，凯恩斯主义经济学破坏了市场的完整性，他们认为市场有追求自身利益的理性行动力，一切经济资源都会随价格变化而迅速调整，经济自动趋向均衡。这样的话，政府对经济的一切干预都是不必要的，也是无效的。20世纪70年代，西方国家普遍出现了经济增长停滞、失业人数增加、通货膨胀同时存在的现象，即滞胀现象，这使凯恩斯主义受到质疑。

中国长期奉行积极的财政政策，总体思路上与凯恩斯主义一致，但在实际执行上与凯恩斯主义经济学还有一点差别。凯恩斯主义作为经济学派，从市场缺陷的角度出发，主张政府应当对市场进行干预，但如何干预是个问题。如果是仅仅为了修补市场波动而进行逆向操作，比如为了解决就业问题而人为制造就业岗位，这可能是饮鸩止渴，甚至不利于落后产能的淘汰。中国的实践并非简单的政府主动出击，而是带有战略意义的。例如修建高速公路，中国的做法不仅仅是解决当前拥堵的路段，还要把高速公路建到地广人稀的西北地区，促进国家经济面向未来的一盘棋发展。我们现在看到的产业升级、发展高科技以及"一带一路"倡议都是国家战略的体现，而这种国家战略不是某个企业、某些集团能够带动的，必须由政府财政政策作为龙头来推动。

国家的财政部门如果放在企业，就相当于财务部门。财务部门在华为的正式名称是"财经部门"，包括财经管理委员会、财经管理部、地区部财经等，这与"财政"有相似的道理。"财政"是理财之政，并非为财而政，而是"财"与"政"的统一，例如"一带一路"倡议就是"财"与"政"统一思想的体现。同理，企业这个"小宇宙"也应当有"财"与"经"的统一思想，这体现出财富由经营而来的理念。企业的财务并非盯住钱袋子就可以了，而是要实现"财"与"经"的融合，它扮演着投资人的角色，但也非闭着眼睛不管经营，而是与经营者共同探讨财务的合理应用，培育优秀的、有发展潜力的苗子，及时去除杂草，通过积极的、有战略目的的财务经营主导企业的发展方向，做到科学决策、精准且有效地施策，避免盲目的市场导向造成的经营损失。

华为的战略能力之所以强大，也是因为得到了公司集中的财政力量的支持。试想，如果华为搞了多元化经营，很多财政支配权力下放到经营单位，大家各自为战，如何能够实现公司的一个总体目标？多元化经营看似符合市场经济原则，哪里有钱就去哪里，但这种打法完全不能形成高瞻远瞩的战略规划和执行能力。华为在资源分配上一直与战略目标挂钩，例如对于某些有发展前景的项目，即使他们挣的钱没有那些"现金牛"部门多，甚至在相当长的一段时间处于亏损状态（比如基础研究部门），公司也仍然会给他们更多的奖金，鼓励公司资源向重点战略部门转移，加快战略目标的实现。

从某种意义上说，公司的经营就是战略性财务经营。所谓战略性财务经营，就是要立足于企业发展方向，从长远的、更高的角度来经营企业的财务。与单纯的财务管理相比，战略性财务经营的基本特征有以下三点。

（1）综合性。单纯的财务管理活动着眼于企业的日常财务工作，是对经营活动的事后管理，而战略性财务经营则需要与业务深度结合，并非只是数字上的分析和预测，而是立足业务成长而预先得知资源需求，从而为未来的筹资和运用做好准备。

（2）外向性。现代企业经营的实质，就是始终进行内外环境的资源调整，以适应企业外部环境的变化，使内部条件、经营目标与市场环境三者保持动态平衡，因此企业的财务政策就不仅仅是对内服务，而是要跳出企业的视角看企业的经营，即以投资者的视角对待企业内部的业务。

（3）前瞻性。传统财务管理多数以股东财富最大化为财务目标，短期化特征较为明显，缺乏战略意识，不利于企业可持续发展。战略性财务经营以战略管理为导向，要求财务决策者树立战略意识，从战略角度来考虑企业的经营目标，制订财务管理发展的长远规划，充分发挥财务管理的资源配置功能和预警功能，以增强企业在复杂环境中的应变能力，不断提高企业的持续竞争力。

要做好企业内部的"财政政策"，首先要集中进行财务管理，做好内部"税收"工作。税率并非越低越好，过低的税率会使国家财政紧张，难以保障公共开支，也难以实现"集中力量办大事"的战略目标。华为在支付高额奖金和分红之前，并没有承诺会给员工高额报酬，例如，华为从来没有给销售人员提成。换句话说，员工创造的利润大部分被"收缴"到公司，这使得公司有足够的资金布局很多战略性举措，如发展海外市场、投资基础性研究、发展"备胎性"的短板产品等。可以想象，如果不是企业高层亲自参与这些经营决策，而是把资金和权力分散到各个事业部，那么所谓宏伟的计划就永远都不可能实现。

"高税收"的前提是要取之于民，用之于民。华为践行了知识资本的承诺，践行了对劳动价值的认可，所以公司的利润最终还是分给了员工。但是，这种分配并非随意进行的，也不是谁"缴纳"得多就分得多，而是要使用科学方法的。政府财政支出包含"政府购买"和"政府转移支付"两种，所以企业

"财政"也应当有类似的"公司采购"和"公司转移支付"两种形式。这里的"公司采购"只是一个类比，而非真正的对外采购业务。它是公司将内部资产购置和人员工资报酬看作一次购买行为，但这种购买行为是要有回报的，是为一项投资而垫付的成本。所以，华为在评估每一个岗位、每一个要上马的项目前都要计算投资回报，没有价值的岗位要立即去掉，基建、办公等成本也要摊销到每个部门和人员身上。"公司转移支付"表现在部门之间的内部结算方面，因为有些部门创造收入，有些部门提供支持，创收部门之间也有联合作战，大家都有贡献，但没有市场价格的可比性，公司需要对各自的贡献大小进行评估，确定内部分配比例。

通过比较华为公司治理的"烹小鲜"之法与国家财政政策的"治大国"之策，我们可以看到把管理学与经济学相结合的奇妙之处：积极的财政政策可以与国家战略相结合，这是对凯恩斯主义宏观经济学的补充和发展，这是经济学者不容易看到的；而企业经营者如果懂得运用宏观经济的财政手段掌控企业财务经营，便可以站在更高的视角统筹企业资源，支撑战略目标的实现。

## 第三节　华为的"货币政策"

货币政策也就是金融政策，是指一国的中央银行为实现其特定的经济目标而采用的各种控制和调节货币供应量与信用量的方针、政策和措施的总称。货币政策的实质是国家对货币的供应，根据不同时期的经济发展情况而采取不同的政策趋向，调节市场货币流通量，使之保持在一个合适的水平。国家既要防止货币发行过度造成的通货膨胀，也要防止货币过少使市场流通发生困难。

根据对市场货币流通量的控制，货币政策可以分为两类：扩张性货币政策（积极货币政策）和紧缩性货币政策（稳健货币政策）。当经济萧条时，中央银行采取措施降低利率，由此引起货币供给增加，刺激投资和净出口，增加总需求，这叫作扩张性货币政策。反之，当经济过热、通货膨胀率太高时，中央银行采取一系列措施减少货币供给，以提高利率，抑制投资和消费，使总产出减少或放慢增长速度，使物价控制在合理水平，这叫作紧缩性货币政策。

这两种政策应当在经济周期中平衡地使用，但实际上人们很难做到这一点，扩张性货币政策出现的次数总是多于紧缩性货币政策。扩张性货币政策本应当是治理市场萧条的良方，国家通过补充市场流动性使市场获得一定的血液，维持一定的投资和生产，保障就业。这种对市场流动性的补充并非从天而降，而是通过信用向未来透支的，如同在灾害年份不得已采摘部分未完全成熟的果实，这种做法本应当适可而止，但人们品尝到提前消费的快感后，就会对此产生依赖，甚至上瘾。另外，对于紧缩性货币政策，国家推行的难度显然要大得多，因为这意味着通货紧缩，物价与工资都会相应地下降，但民众感觉工资应当是刚性的，上涨可以，下降则会不满，哪怕物价是下降的。所以，各国对紧缩性货币政策运用得比较少，仅在经济显著过热的时候使用，且力度有所克制；各国对于扩张性货币政策不仅施用频繁，而且力度可以无限放大，例如，美联储为了应对 2020 年新冠肺炎疫情带来的经济恐慌，实施无限量的量化宽松政策。

对于两种货币政策"厚此薄彼"的现象，其实也是顺应大众"有福先享"的生活理念，这就像那个"朝三暮四"的寓言所讲的那样。春秋时期宋国有一个养猴子的老人，他很喜欢猴子，养的猴子成群，他能懂得猴子们的心意，猴子们也懂得主人的心意。那位老人因此减少了他全家的口粮，来饲养猴子。但是不久，家里缺乏食物了，他将要限制猴子们的食物，但又怕猴子们生气，不听从自己，就先骗猴子们说："我给你们的橡树果实，早上三颗，晚上四颗，这样够吗？"众多猴子一听很生气，气得跳脚。过了一会儿，他又说："我给你们的橡树果实，早上四颗，晚上三颗，这样够吗？"猴子们听后都很开心地趴下，高兴地对那老人服服帖帖了。同样的道理，扩张性货币政策比紧缩性货币政策更受大众欢迎，因此这种现象也没什么错，只是从长期的结果来看，各国的通货总是多多少少会膨胀的。

但是，人类真的都是猴子这种想法吗？不是，很多成功人士走的是吃苦在前，享福在后的路子。那些志向远大的创业者时刻厉行节约，尽可能地为未来的事业多做投入，因此他们不是消费明天，而是通过今天的努力为明天创造更多的财富。这样一来，他们在财务结构上就不会有太多的负债，能够保持财务健康。过多的负债则意味着明天创造的财富要与人分享。当然，与人分享没什么不对，但要看量的大小。如果无限制地负债，意味着明天创造的价值要与很多资本分享，这样一稀释，自身的收益率也许跑不过平均水平，那样即使赚点小钱，实际上也是亏了。一个中国老太太和一个美国老太太进了天堂。美国老太太在临终前说："我终于还完了房子的按揭贷款。"而中国的老太太则说："我终于攒够了买房子的钱。"这则笑话是笑中国老太太勤俭一辈子也没享到福，但美国老太太做了一辈子房奴，又能好到哪里去呢？有学者研究发现，现代人体质大不如前，比父辈更容易罹患高血压、糖尿病、肥胖症等疾病，现代人在 40 岁时的健康状况相当于父辈的 55 岁。其实，身体的健康也是财务健康的反映，很多现代人背负着重担，不得不用透支生命的方式偿还。

人在青壮年时期能够创造最多的财富，而晚年则年老体衰，需要更多的保障，因此应当趁年轻时多工作、多积累，为自己的晚年多储存一些财富，在孱弱的年月获得踏实的安全感。但"朝四暮三"的思想侵蚀了大多数人，也侵蚀了大多数企业，这反映在每个企业的"货币政策"上。很多企业将引进资金作为经营目标，动辄要上市，要融资，积极获取账面资金。然而，企业如果没有过硬的本领，这些资金真的能够带来美好的明天吗？不能，它们只能成为明天的负担。巴菲特是世界最为知名的投资家，但他偏爱手中持有大量的现金，对于通过负债而获得的资金慎之又慎。他在 2011 年《致股东的信》中系统地阐述了他对现金与债务的观点和原则："毫无疑问，有人已经通过借钱投资变得很富有。然而，这种方式同样能让你一贫如洗。当杠杆发挥作用时，收益能被成倍放大。配偶觉得你很聪明，邻居也对你艳羡不已。但是，杠杆会使人上瘾。一旦从中获益，极少有人能退回到那些更为保守的操作方式上去。历史经验告诫我们，无论操作者多么聪明，他都无法避免运用金融杠杆所导致的归零。由于对金融杠杆始终保持谨慎的态度，我们的回报率也略受影响。尽管如此，拥有充足的流动性，将使我们得以安枕无忧。"

超发的货币犹如天上之水，不要白不要，因此很多人拿着借贷的资金买房产、买股票，但是这只是海绵吸水，注定会迅速流失，或者在时间中蒸发。真正的智者知道，留住水分得靠根深叶茂的大树，那些耐得住寂寞、默默成长的大树。华为在过去几十年的发展大潮中始终保持着清醒，不管外面股市、房地产炒得多热，华为一心一意地进行技术研发，坚持不懈地打造核心竞争力，追求企业自身的财务平衡和健康，靠本事挣钱，这样挣到的钱才能牢牢攥在手里。如果把华为比作一个政府，我们发现它对内长期执行的是紧缩性货币政策，这不仅表现在华为不上市，而且还表现在它理性地控制着资产和负债的规模。举个例子来说，华为对内部员工的虚拟受限股是有最高的饱和配股数量限制的，不是员工想买多少就能买多少。按照华为对虚拟受限股的分红力度，那是相当有吸引力的，如果敞开招募，员工绝对会动员家属亲友加入进来。但是，华为只接受员工本身创造的剩余价值作为股本，其目的不是使公司获得多多益善的资本，而是避免员工过早地用剩余价值进行享受。公司用高额的分红（相当于高于市场利率的投资回报）吸收他们手上闲置的资金，让他们暂时地又成为身无分文的无产者，忘我地投入新一轮的工作。这样做实际上就相当于采用了紧缩性货币政策，让员工储蓄大于消费，在最佳的年纪多投入工作，把更加富裕的生活留给未来。

"紧缩性货币政策"实际上促使华为保持长期坚持艰苦奋斗的状态。"长期坚持艰苦奋斗"是华为核心价值观理念的根本保障。员工如果没有艰苦奋斗精神，处于快乐享受的状态，就不可能把客户放在心中，也不可能真正去奋斗，那么"以客户为中心""以奋斗者为本"就成了空话。我们都知道置之死地而后生的道理，艰难困苦可以激发人的斗志，这时候人们义无反顾、勇往直前，往往能够以弱胜强、攻无不克。但是，胜利的果实不能不与奋斗者分享，员工分得应有的财富后还能不能保持奋斗精神？毕竟生活是人们基本的需求，有了良好的生活条件，有多少人能继续过艰苦的日子呢？还有必要继续艰苦奋斗吗？任正非洞悉到人们心灵深处的疑问，提出"以众人之私，成就众人之公"的管理原则，用更多的回报奖励放弃当下享受的员工，让"艰苦奋斗"不只是一句口号。

华为的"货币政策"并非华为制定和执行的实际政策，而且它也并没有把这种政策延展出多少具体的手法，这只是一种经营思想。这种经营思想利用人性改造人性，引导人们放弃及时享乐的思想，趁着年富力强的时候多为未来创造财富。所以，政策并非要迎合大众，政策也可以改造大众，一个国家、一个民族如果能保持艰苦奋斗的状态，无疑将一直强大下去。

## 第四节  趋之以势，度之以量

宏观经济是从宏观层面研究经济，因此它的出发点是宏观视角的一些量化指标，如国民经济总量［国民生产总值（GNP）、GDP、国民收入（NI）、个人可支配收入（DPI）等］和一些经济指数［人类发展指数（HDI）、社会发展指数（SPI）、消费者物价指数（CPI）、国民幸福指数（GNH）等］。与微观经济不同，宏观经济不针对单个经济单位的经济活动，不再以价格和市场信号为诱导调整企业竞争关系与平衡，而是进行宏观调节和控制，使社会经济运行的数据和指标满足国家的全局利益。

关于宏观管理工作，其运营的方法一般与微观有所不同，宏观多用定性，少用定量，这是因为如果按微观的方法解决宏观问题，需要的数据太多，成本太高，过于理想化。但是如果失去微观数据的支撑，定性分析与决策难免有主观性，这也会带来风险。如何解决这一矛盾？根本的方法还是要循序渐进地追求定性与定量的统一。

首先，趋之以势，领导首先要重视。

宏观经济数据对宏观经济调控有重要的分析和参考作用，因此数据的准确性非常重要，错误的数据可能导致错误的决策。然而，由于数据统计存在一定的难度，或者迫于政绩考核的压力，经济数据不准和掺假是比较常见的现象。在企业也是一样，企业通常需要通过一些数据进行考核，然而数据统计可能掺假或者失真，给企业的管理和经营决策带来一定的难度。华为如何对待这样的问题？

2018 年初的一天，华为公司发出内部电邮通知《对经营管理不善领导责任人的问责通报》。通报显示，因"部分经营单位发生了经营质量事故和业务造假行为"，华为公司对主要责任领导问责。这可能是任正非仅有的一次自罚，但背后的原因竟然是有一些代表处虚增订货，经营数据造假。为什么别人数据造假，任正非却要自罚？因为数据这种事，领导不认真看，造假行为就根治不了，在这一点上任正非非常清醒，自罚本质上是提醒各位高管：数据质量从领导做起。

作为一个具有一定规模的企业，领导层不可能事必躬亲地参与每一项业务，领导层也要像政府决策者那样通过宏观管理的方法驱动企业的运营。如何才能驱动？这不是靠下属员工自知自觉就可以的，而是领导者首先要身体力行，驱之以势。势，是高高在上积蓄的力量，犹如随时可以倾泻而下的洪水。领导要让下属知道，对于他们提供的数据，领导是明察秋毫的，那么他们就不会造假，不会糊弄。如果下属提供的数据领导都不看，那么首先的问题是领导不作为，自然就没有驱动力。

领导看数据不是一件很容易的事吗？是的，但问题是现实中人们的习惯难以改变。数据不是天然就有的，建立提供数据的系统体系需要一个周期，在这个周期中，业务就已经开展了，这时候没有数据的支撑，人们凭记忆、凭感觉、凭经验也能完成业务活动，并且久而久之形成习惯。这种习惯会成为人们继续学习新生事物的阻碍，即使有了更好的工具，人们也懒得再花时间学习使用。华为在实施营销体系的 LTC 流程项目后，配套也上线了 IT 系统，可以提供各类销售报表，但是大多数代表处的销售管理团队并不使用，而是沿用原来的销售会议形式，面对面地与销售人员交流销售情况和数据。因为每个销售人员对自己的销售数据了然于胸，张口即来，管理者听他们汇报极为爽快，完全不用辛苦自己在一个陌生的系统和一堆陌生的报表中寻找所需要的信息。如果真的这样下去，新流程和新系统的意义何在？华为公司使出最"粗暴"的一招：僵化执行，考核各个代表处销售会议上领导有没有用"报表"开会。考核的内容也不是报表怎样、数据怎样、业绩怎样，就记录有没有用"报表"开会这件事，由秘书上传这一记录。实践的结果是：代表处销售领导被这么一逼，逐渐改变了习惯，也发现了多用报表的好处，而最为重要的意义在于，这使每一个管理者和员工深刻体会到 LTC 变革带来的效率和回报，公司在这项变革上的投入是非常值得的。

其次，度之以量，紧密依靠信息技术。

我们日常工作中既要有定性分析，也要有定量分析。定性分析是对事物进行质的方面的分析，运用归纳和演绎、分析与综合以及抽象与概括等方法，对获得的各种材料进行思维加工，从而去粗取精、去伪存真、由此及彼、由表及里，达到认识事物本质、揭示内在规律的目的。定量分析是对现象的数量特征、数量关系与数量变化的分析，例如，通过财务报表和经营报告对公司的状况和趋势做出判断。定量分析科学、准确，但不能解决发展中的所有问题，或者解决复杂问题的成本过高，所以在很多情况下，人们需要依靠直觉和经验进行定性分析，不能就此把定性分析与定量分析截然划分开来。事实上，定性分析与定量分析相辅相成，定性是定量的依据，定量是定性的具体化，把二者结合起来灵活运用，才能取得最佳效果。

定性分析与定量分析虽然应当结合使用，但并非固定不变。业务开展之初，缺乏定量分析的条件，因此定性的成分大一些，此时的公司治理更多地表现为"人治"。但随着时间的推移，很多经验可以固化，很多规则可以总结，这时候就应当走向"法治"的道路。好的管理就是不断地探索建立制度，通过"法治"而不是"人治"来管理企业，依靠定性的"人治"管理企业，就会因为思想、标准、方法的不统一而相互抵消作用力，使企业内耗成本过高，影响企业的壮大。任正非说："华为公司最宝贵的是无生命的管理体系，以规则、制度的确定性来应对结果的不确定性。我们花了20多年时间，终于半明白了西方管理。"

建立规则，通过制度来进行管理，就离不开量化管理。"度"者，法治也，核心是依靠规则，而规则就是按确定的条件进行判断和选择，其依据就是"量"，没有量化，就会模棱两可，人们无从判断和选择。所以，用规则管理企业，背后深层的含义就是要建立一个可以量化的管理体系，这个体系就是建立在信息技术支撑下的现代化企业。

建立在信息技术基础之上的企业会展现出无比高超的效率，比如用机器代替人工的现代化工厂。人们的日常管理工作也可以越来越多地被信息技术替代，只要我们的管理基于数据，只要这些数据能够被正确采集，我们就可以基于这些数据产生判定标准，而不必依靠人的主观判断，这时候企业的运作效率何其之高！而人从繁杂的、重复的、低增值的工作中解放出来，就可以投入精力于创造性的工作，企业的创造力何其之强！这就是华为管理的梦想。

华为的变革起源于这个梦想。早在 1998 年 8 月，华为与 IBM 进行了第一项合作，正式启动了流程及 IT 策略与规划项目，主要内容与核心目的是规划和设计华为未来 3~5 年需要开展的业务流程和所需的 IT 支持系统，由 IPD、ISC、IT 系统重整、财务四统一（财务制度和账目统一、编码统一、流程统一和监控统一）等 8 个子项目组成。从这些规划的项目看，很多是瞄准 IT 建设，旨在提高效率而设定的，但实施的方法不是直接买一套 IT 系统就了事，而是先建立业务规则。这些业务规则一梳理就是 20 年，在研发、供应链、战略、营销等各领域依次进行了大刀阔斧的变革。可以说，华为的变革已经让人敬仰不已，但实际上华为只走了半程路，后半程将聚焦于信息化程度更高的企业管理模式，以业务规则的科学性和合理性带动信息技术在数据架构、应用架构和技术架构向最先进的方向发展。

如今，华为在很多领域的 IT 应用已经非常先进。以财务管理为例，华为目前的业务遍及 170 多个国家和地区，从企业客户到零售客户全面覆盖，经营活动 24 小时在全球范围内连续运转，而整个公司的财务要统一管理，其难度可想而知。尽管如此，在流程和 IT 系统的支撑下，华为公司能够做到 3 天出月度财务报告初稿，5 天出月度财务报告终稿，11 天出年度财务报告初稿，30 天内出年度财务报告终稿。这得益于华为有一套全球结账管理监控系统，这个系统是华为全球结账工作的指挥控制中枢，每个月，横跨 5 个时区的 7 个共享中心都要接受这里的指挥调度，给华为在全球的数百家子公司"算总账"。通过交易核算自动化、ERP（企业资源计划）优化、数据调度优化、数据质量监控以及对数据分析平台性能的提升，华为实现了全球核算实时可视，过程可跟踪、可管理。

趋之以势，度之以量，最终的结果是达到宏观与微观的融合，即宏观管理与微观管理不再是难以融合的两张皮，而是血肉相连的统一体。科技进步正创造着条件，只要全社会坚持不懈地推进科技应用，经济决策将越来越科学，宏观经济学将会与微观经济学很好地融合。这必将是一种趋势，我们从华为的成功中可以看到这一点。

## 本章小结

本章从宏观经济视角介绍了企业应有的宏观治理手段，即以华为为样板，阐述其治理思想的特色。本章包含以下内容。

- 政府治理模式带给企业的借鉴。
- 华为"财政政策"体现的战略调控思想。
- 华为"货币政策"体现的经营与理财哲学。
- 定性管理与定量管理的统一。

# 第六章

# 公司治理新模式

管理层要淡化英雄色彩，实现职业化的流程管理。即使需要一个人去接受鲜花，他也仅仅是代表，而不是真正的英雄。

——任正非

## 本章概述

　　经济学的价值在于可以应用于国家治理。同样，我们研究华为经济学也是为了应用，而首先最为合适的应用领域是公司治理。公司治理不是新生事物，但华为经济学包含了很多与我们以往认知不同的经营哲学，这源自华为经济学的根本出发点与传统企业经营思想的不同。华为经济学根本的出发点在于对资本的认知，它认为企业的资本是知识资本，股东与员工是合为一体的，这与传统公司治理在本源上就不同。由于这个基础不同，华为在治理上就必须基于"限制资本规模，加大战略性投资"的宏观经济思想进行战略性经营，基于"主动拉动客户需求"的微观经济学思想大力投入研发，基于"努力占领绝对优势"的贸易观向产业链顶端发展，这些思想为公司治理带来了很多新思维。

华为的公司治理是一个很容易被忽略的问题，但又很关键。华为很多先进的管理方法被不少企业膜拜，它们纷纷效仿，学习华为所用的研发管理方法 IPD、营销管理方法 LTC、战略管理方法 BLM 等，但这些都是华为的外在功夫。自古练武不练功，到老一场空，如果没有了解华为的公司治理原理，或者简单地认为华为的公司治理就是对一般的公司治理原理的应用，那么你就没有理解华为管理的顶层逻辑，自然也就没有掌握华为各种管理方法的内功。

本章首先提出一个公司治理转型期的问题，解决这个问题是企业发展壮大的必经之路。在这个转型过程中，企业权力逻辑发生了根本的改变，"以客户为中心"取代"以股东为中心"，导致公司治理体系及理论的颠覆性变化。这种颠覆性可以在华为的公司治理实践中得到体现，本章将逐一说明。

## 导入案例：诺基亚的陨落究竟是谁之过？

曾经风光的诺基亚已经逐渐远离大众，但它在人们的记忆中还未被抹去，因为那是人们曾经引以为傲的时尚标志。这个曾经的芬兰企业神话、北欧的荣耀，从全球 41% 的市场份额断崖式坠落，2012 年惠誉评级将诺基亚债务信用评级降至"垃圾级"，诺基亚的失败成为商学院的典型案例。然而，究竟是谁造成了这样的结果？可能仁者见仁，智者见智。有人说诺基亚败在老大心态下的自满、过度成功后的傲慢与沾沾自喜，有人说它败在创新的匮乏，也有人将失败归咎于诺基亚过于人性化和舒适的工作环境。诺基亚手机风光不再，事后我们可以轻松武断地把它身上的所有基因归为失败的元凶。但唯有在时代、个体的综合考量下，我们才能更加接近事实真相。

通常人们会把诺基亚的陨落归罪于当时的 CEO 史蒂芬·埃洛普，他来自微软，出任诺基亚 CEO 4 年后，诺基亚被微软以破烂价收购，市值不足 4 年前的 1/10，因此人们都痛斥埃洛普为"微软木马"，认为是他搞垮了诺基亚。埃洛普在任期内的种种行为确实看起来是低级错误。他急匆匆地宣布废掉诺基亚自己的塞班系统也就罢了，还拒绝采用开放的安卓系统，硬是要等待还没影儿的微软 Windows Phone 操作系统，结果等了两年多的时间，当 Windows Phone 姗姗来迟之时，诺基亚的用户群已经流失殆尽。

但是，埃洛普这两年多干等的行为，就没人管吗？西方公司治理的三权分立、相互监督的体系怎么没有发挥作用？事后诺基亚董事会被选为全球最差董事会，因为在最关键的时刻，董事会总是给诺基亚派去错误的人选。阶层化管理和不懂技术的领导（一高管承认"在当时的诺基亚高层没有真正懂软件的人"）让公司内部决策机制冗长，并出现管理断层。

2006 年的诺基亚 CEO 康培凯，不但没有将智能手机业务独立出来，高度重视，避免旧业务掣肘，还将其和功能手机业务合并，白白送了它的命。这个在诺基亚工作了 30 年的老员工对传统业务的复杂情感，使他无法放弃传统的和已陷入颓势的塞班。

领导层清楚从手机公司转变为软件公司的必要性，却未能将手机业务的利润投入新领域的开拓。一位高管说："打造一个新的操作系统需要时日。那就是我们不得不坚守塞班的原因。"就这样，企业进入了"相互替代陷阱"。

为了让财务报表更好看，2007 年诺基亚放弃自主开发核心芯片技术，将多年技术投入的结果——3G 芯片团队，出售给意法半导体集团。芯片、操作系统，对两大核心阵地的弃守，让诺基亚自砍手脚。当高端市场被苹果占据时，诺基亚"山寨"手机满天飞，可谓腹背受敌。

2010 年，和诺基亚毫无瓜葛的、来自异国的埃洛普就任CEO，董事会的用意显然是希望他依靠微软的背景，领导诺基亚走向软件公司之路。遗憾的是，把宝押在一个人身上的风险太大，"三权分立"的治理结构成了"金鸡独立"，诺基亚焉有不倒之理？

## 案例分析

公司的董事会、监事会和 CEO 形成了分工和相互监督的治理结构，运作好这种结构不仅要有形式，更要有实际的运作能力。由资本掌控的企业长期关注资本的投资回报，难免会让保守势力掌控公司权力，进而失去对业务发展的把控能力。诺基亚的陨落不是个案，很多被资本扼杀的企业都经历了这样的命运。

## 第一节 企业青春期

所谓大公司，是指真正成熟的公司。"大"字表示的是张开双臂的人，是独立行事的、成熟的人。所以大公司应当有足够的能力，像神农氏那样行走于天地之间，为客户找到更好的粮食，引领消费者更大的欲望。沃尔玛是公认的大公司，但它没能够引领电子商务市场，没有神农氏那个能耐，所以算不上最上乘的公司。中国传统文化认为，阳中之阳是朝日，而不是正当午时的太阳，看的是趋势，而不是当下的热点。所以，判断一个公司是不是大公司，不是看它的体量如何，有些大公司是资本轻易捆绑而成的，那是虚胖，是断不了奶的巨婴。

人的成长必须经过青春期，这是成人的标志。青春期代表的是人生理上的成熟，人经过从婴儿到少年的发育，达到精力最旺盛的时期。同时，青春期也是心智成熟的时期，这个阶段的人开始思考过往认知的对与错，不再全盘接受大人的指教，所以人们觉得青春期有叛逆的特征，其实是因为这一时期的人开始了独立思考。企业的成长也是如此，企业在一个机缘中诞生，在一定的条件下成长，到了一定的规模，业务趋于稳定，这意味着企业在客观上能够占据一定的市场空间，同时，管理层开始思考过往经营中的不足，寻求更稳健的发展模式。这是一个蜕变的时期，如果想明白了，企业就会化蝶而展翅；如果没有想明白，企业的前途就可能充满危机，不论体量有多大，企业仍然可能是断不了资本奶水的巨婴。

遗憾的是，现在世界上的大部分公司还没有想明白，因为尽管资本主义从 19 世纪 70 年代蒸汽机发明开始兴起，到现在，整个世界也才刚刚进入青春期。为什么这么说？因为回望这过去的约 150 年，资本主义发展主要经历了三个时期。

（1）机器时代。这是资本主义的婴幼儿时期，以蒸汽机为代表的机械力量极大地解放了生产力。如果没有机器时代，人类始终依靠农耕文明，世界上就没有资本主义。

（2）电气时代。电力的应用进一步提高了机器的效率，并提供了丰富的生活用品。这一时期，爱迪生这样勤勉努力的人为人类创造了大量的财富。

（3）数字技术时代。与电气时代不同，数字技术时代已经没有多少可以让"爱迪生们"发挥个人才能的空间了，数字技术的原理早在"二战"前就已经诞生，只不过实现起来非一两个人或者一个小团队能够做到的，而是需要成千上万的工程师协同起来，比如，微软、谷歌的一款软件背后是无数工程师的辛劳工作。相比于爱迪生，乔布斯算不上发明家，他的杰出在于洞悉技术前沿，掌握消费者心理，组织最恰当的资源进行集体发明创造。集体发明带来的结果是创新成为大众的工作，而不是少数"爱迪生们"的专属，整个社会进入了知识经济时代，但与此同时，资本越来越保守，仍然把企业视作工厂，只要求企业产生利润，不给创新者自由的空间，这就像青春期碰到了更年期。美国是最具创新力的国家，但我们发现，一旦一个企业被资本掌控，它就留不住关键人才，这些人才会组建另一个创新公司，而原有的企业则走向衰落。虽然创新在美国持续着，但美国企业很难走出这个怪圈，在规模增长的同时保持创新力。

当前的公司治理理论基于股东出资的企业模式，自上而下进行管理，所有经营为股东服务，这种模式诞生了很多巨型公司，如可口可乐、沃尔玛等。但是，它们强大吗？如果强大，为什么它们不能在高科技上发力？为什么沃尔玛没有直接发展成淘宝？因为这种自上而下的治理模式调动沃尔玛的搬运工、售货员是可以的，但调动不了亚马逊、阿里巴巴的工程师。高科技企业几乎都是平台型企业，是工程师发挥才能的摇篮。传统的公司治理模式与平台型企业的管理要求是存在冲突的。

这种冲突不是现在才产生的。爱德华·弗里曼在其1984年出版的《战略管理：一个以利益相关者为起点的方法》中，提出了一个相对于股东的"利益相关者"的概念。利益相关者理论认为，企业是其与各种利益相关者结成的一系列契约，是各种利益相关者协商、交易的结果，无论是投资者、管理人员、员工、顾客、供应商，还是政府部门、社区等，都对企业进行了专用性投资，并承担由此所带来的风险。企业如果过于注重股东的短期利益，必然损害利益相关者的利益，这样企业就不能很好地生存下去。因此，为了保证企业的持续发展，除了对股东负责以外，企业也应当兼顾社会责任，对其他利益相关者负责，在企业治理过程中要兼顾内部和外部有关权益主体的利益。

在相当长的一段时期里，利益相关者只是企业挂在嘴上的一个口号，实际上在现有的公司治理结构中，企业必须对股东负责。尽管也有很多企业像 IBM、华为这样不落俗套地以客户为中心进行经营管理的企业，但整个企业界的主流意识都是遵从诺贝尔经济学奖得主弗里德曼的思想，即公司组织所承担的社会责任只有一个，即使用自己的资源从事旨在实现公司股东利益的行为。这样做的结果就是用适合孩童时期公司的治理结构去治理平台型的组织，经理人向股东让步，这造成了惠普、雅虎、朗讯、柯达等一系列本应成为技术与经济领航者的企业最终落败。

可喜的是，资本主义世界对此幡然醒悟了。尽管马克思在资本主义早期就预见了未来的社会变化，但人们毕竟更愿意相信实际。现在，美国精英阶层的 CEO 们找到了一个个科技企业领导者崛起又倒下的原因，联合起来在商业圆桌会议上宣布了"为客户创造价值"的企业宗旨，而为股东赚钱并非企业的本职工作。这是对企业如何"断奶"的思考，是经济发展里程碑式的符号——这是刚刚发生于公元 2019 年的事情。

所以，现在是企业界反思发展模式的时候了。企业的成长并非直线的，而是有一个青春期的拐点。在拐点到来之前，按照现在的公司治理模式发展是可以的，这个阶段的目标是快速高效地成长，垂直管理是最佳的，但是到达一定规模后，企业应当想到，垂直管理对领导者的依赖给组织发展带来不确定性，大组织下的科层制使企业患上了大企业病，行动迟缓，越来越多地破坏客户对企业的印象，股东与经营者之间的矛盾也往往会导致股东随时撤资或者变换经理人。为此，企业必须转变为依靠规则搭建平台，使企业的运转与其中的人无关，这样的企业就具有了成人的理性，牢牢地抓住了客户，获得了股东的信任。所以，企业青春期是每个企业不可回避的问题。

企业青春期是企业发展的必经阶段，对企业未来是否能够发展成真正强大的公司有着重大的影响。这一时期有几个突出特征。

首先，企业青春期是一个转型时期。企业青春期是弱小向强大转变的时期。所谓弱小，在于企业的市场盈利能力不确定，往往需要股东支持，这时候股东相当于父母。但是孩子总归要独立，企业最终要从客户那里获得利润。这并非要抛弃股东，而是要求企业拿出与客户长期共存的战略思考和切实可行的行动方案，让股东看到客户利益和他们的利益是统一的。这对于企业经营者是非常大的考验，他们必须高瞻远瞩，心智成熟。

其次，企业青春期是管理职能的发展时期。青春期第二性征的发育实际上是人体机能的完善。在此之前，男孩和女孩的很多生理机能并未完全发育，青春期将使他们进入各自的角

色。企业的职能部门在早期并不需要十分健全，因为靠 CEO 的
协调就能够协同起来。但企业大了之后，职能部门就必须完整
地、正确地履行职能，使企业对 CEO 的错误决策或干扰免疫，
保护企业的机体健康，这是企业青春期的主要任务。

再次，企业青春期是一个激烈冲突的危险时期。企业经过
了孩童和少年时期，表明在市场中已经具备了一定的能力，其
中不乏少年英雄式的企业。但此时也是矛盾丛生的时期，创业
骨干之间的矛盾、股东与经营者之间的矛盾、业务与业务之间
的矛盾、业务与职能管理之间的矛盾，如果不解决这个时期体
内的真气相克，形成一套运作自如的机制，企业就会面临非常
危险的境地。可以说，绝大部分企业倒闭于青春期。

最后，企业青春期是一个负重前行的时期。这个时期的企
业才是最艰难的。创业的时候固然很艰难，但那时问题单纯，
创业者义无反顾。企业进入青春期，压力来自方方面面，既要
维持经营，又要建立管理体系，特别是经营理念和方法的转变
对人们的思想冲击非常大，很多习惯要改变，工作量冲向极
限，这是考验人们毅力的关键时期。

非常时期需要非常手段，华为的手段就是变革。这场变革
异常艰辛，持续了 20 年才使华为拥有了今天征战于世界的能
力。我们对华为的经济学分析，就是为了剖析华为公司治理的
指导思想，看看这些思想如何改变传统的公司治理框架，然后
吸收经验，少走弯路，踏着前人的脚印，用更短的时间度过企
业发展的青春期。

## 第二节　谁是权力新贵？

公司治理的首要问题是权力的来源。人们都会认为，股东会是公司的顶点，是一个企业一切权力的来源，因为正是由于股东们的出资，才有了公司，因此股东是企业的父母，只要股东还存在，企业的一切将听命于他们。

这是整个公司治理理论体系不可动摇的基石，但这个基石是有 bug（漏洞）的。企业的命真的是股东给的吗？我们购买了开放式基金，当然就成了股东，但这样的股东能够决定基金经理怎样进行资产配置吗？不能。因为在资产配置上，基金经理更专业，而我们投资这只基金，也是看重基金经理的专业知识。这只基金的决策权不是股东的，而是基金经理的。当然，基金经理也不能任意妄为，没有好的业绩，股东们就会撤资，让他无盘可操。

事实上，在知识面前，资本是处于弱势地位的，资本只有追逐掌握知识的人，与他们共融共生，互利互惠，才能得到更高的收益，这就是美国普遍存在同股不同权的原因。在美国，这种同股不同权的方式叫作"双层股权结构"，它将股票分为 A、B 两类，向外部投资人公开发行的 A 类股，每股只有 1 票的投票权，管理阶层手上的 B 类股每股却能投 10 票。如果公司被出售，这两类股票将享有同等的派息和出售所得分配权。B 类股不公开交易，但可以按照 1：1 的比例转换成 A 类股。这种股权结构显然对创始人和管理层十分有利，他们可以用较少的出资获得更多的表决权，并且不用担心被股东会轻易地辞退或被恶意收购，而普通投资者难以掌管公司，只能被动地分享企业的红利。

当然，这种股权结构与传统的公司治理理念不相符合，因此仍然受到传统观念维护者的反对。他们认为，将大量权力集中在少数人手里是不民主的做法，与资本主义价值观和法律法规相冲突。因此，这种股权结构的公司在股票公开市场上市的阻力还是比较大，例如 2013 年，香港交易所就拒绝了阿里巴巴以同股不同权的方案申请的上市计划，迫使阿里巴巴转去纽约交易所上市。但是，现实给予这些传统保守观念以实实在在的教训，失去阿里巴巴这样的明星企业，也是香港交易所的损失。因此在 6 年后，香港交易所修改了规则，允许同股不同权，于是阿里巴巴在 2019 年 11 月 26 日在香港交易所主板也挂牌上市了。

阿里巴巴代表着技术创新，在当今这个时代，它的成长速度远高于传统商业模式的企业，因此，阿里巴巴在线上业务获得巨大成功后，有充分的实力收购大润发、欧尚等传统超市，并发展盒马鲜生等新兴商场，这才是资本所关注的。试想，如果掌控大润发的股东有能力，那么为什么他们不能打造一个和阿里巴巴一样的企业呢？所以，在企业发展中起关键作用的是企业的经营能力，而不是股东们手中的权力。

但是，美国的双层股权结构仍然是有限度地向资本让步，这个限度为企业创始人和骨干们争取了 10 倍的权力，但终究还是在资本主义主导下的公司治理框架之下，遵循资本为权力之源的规则。相比之下，华为的知识资本化就是彻底地让权力告别资本。尽管华为依然有股份存在，但股份的来源是企业内部知识积累的转化，股份多少代表着对公司知识积累贡献的大小，反映的是业务能力的强弱。这种业务能力远比单纯掌握资本的股东更有对企业正确发展方向的判断力，知识资本化不会夹杂任何一个滥竽充数者，因此可以造就最有战斗力的企业。知识资本化让资本的权力完全让位于知识工作者的权力，因此无论如何不是传统公司治理模式能够解释的。华为的实践证明了企业的权力来源可以有另一种形式：以一群知识工作者为核心，用知识、技术和能力的权威感召更多的志同道合者，形成共同奋斗的集体。这个集体可以有武器，也可以赤手空拳，但都是自己掌握自己的命运，不做雇佣兵。历史上并非所有的军队都是由雇佣兵组成的，相反，很多北方民族全民皆兵，往往战斗力更强。

其实，资本本来就应该附属于人的创造力。资本主义兴起就是因为科技大发展极大地解放了生产力，没有知识的力量也就没有资本发挥作用的空间。那为什么企业要以资本作为权力的来源呢？这是因为科技发明只是起点，更重要的是要把科技发明的成果进行推广应用，这就需要依靠资本来组织社会化大生产。人们都知道是爱迪生率先找到了灯丝的最佳材料，但可能很多人不知道通用电气集团就是由爱迪生创办的电灯公司发展而来的，爱迪生改进白炽灯只是万里长征的第一步，如果没有资本的支持，普及电灯的可能是别的公司，那么人们也就不知道这个电灯之父了。很多人都知道奔驰汽车这个伟大的公司，但可能很多人不知道其创始人卡尔·弗里特立奇·本茨就是汽车的发明人。而作为反例，莱特兄弟在发明飞机后，并没有加紧推广，而是把重心放在了保守的专利保护上，使得技术发展不如后起之秀，他们创办的莱特公司于1916年与格伦·L.马丁公司合并后淡出了人们的视野。这些事实说明，在那种年代，科技发明虽然推动了历史，但只是触发器，真正的主角是能够组织社会化大生产的资本，资产阶级是那个时代最活跃的因素。

但是，当今社会为何出现了资本追逐知识创造者的现象呢？因为我们进入了一个后资本主义时代，这与之前的资本主义有着不同的特征。

首先，技术创新不再是以个体为主，而转变为以群体为主。在早期资本主义时代，发明创造多出自爱迪生、瓦特、西门子、本茨、贝尔、莱特兄弟这样的大师，但是那个时代已经成为过去，现在的发明能够让人联想到的更多的是一个公司，比如摩托罗拉、索尼、惠普、柯达、诺基亚、雅虎、谷歌、华为，虽然苹果公司出了个乔布斯，但苹果手机是采购了世界各地的部件组装而成的，可以说，当今的科技创新依赖于群体的协同，这给了资本生存的空间，来参与社会化大发明。

其次，资本与知识的结合中谁占主导地位？在过去，资本与工人的结合中资本无疑占据主导地位，但现在资本与知识相结合依然如此吗？如果是，我们当然可以沿用原来的公司治理结构；如果不是，我们就应当重新思考。资本与工人相结合的年代，资本除了付出工资外，还承担了厂房、设备、原材料等生产资料，所以在生产中发挥了更多的作用，但是当资本与知识工作者结合时，除了工作，还有多少生产资料需要付出？现在的远程办公连场地都可以省下来了。相反，无论资本付出多少，创造价值的知识存在于员工的头脑中，这不是拿着皮鞭就可以逼出来的，需要的是将心比心，用心换心。

再次，职业经理人群体也发生着变化，这对资本的作用也产生了较大的影响。公司治理本身就是一个资本委托职业经理人进行企业管理的问题。在过去，人们的整体知识水平以及工厂劳动为主体的状态，导致职业经理人群体很多以执行股东意愿为天职。但当今社会人们的知识水平与过去不可同日而语，职业经理人对业务趋势的判断也更加准确，对股东意志是否正确有明确的认知，这才出现2019年8月19日美国商业圆桌会议抛弃了为股东服务的企业使命。这是刚刚开始却不可阻挡的趋势。

企业的权力来自最熟悉业务的企业骨干，而不是股东。这尽管还没有被写进任何一本关于公司治理的教科书，但是华为的成功给了这种方式有力的例证。这是中国企业制度的探索，值得研究和借鉴。特别是当前许多企业把华为作为标杆，但如果忽视这个底层问题，将华为的一些成功的表象与西方企业制度相结合，那就很难抓住本质。

当然，我们也要进一步认清华为这种公司治理模式的局限在哪里。华为的机制鼓励积极创新的知识工作者，与他们分享企业的剩余价值，前提是这些知识工作者必须勇于创新、积极创新，在创新中寻找高附加值利润。如果是一般的、不是那么积极的、不愿意付出更多劳动的、只希望用一定的报酬换取一定的保障的员工，他们创造的价值是不足以与剩余价值相匹配的，那就不适用于这样的机制。这样的员工仍然适合资本主导的企业，因为资本在与他们相结合创造价值的过程中仍然更积极。那么华为如何解决积极的知识工作者和普通员工不同的问题呢？方法是多样的，例如将很多生产性工作外包，因为很多承包的工厂并不积极参与创新研究工作，是资本主导的企业；再比如，华为旗下也有内部服务公司（慧通公司），从事非创造性岗位的文秘、行政等服务，不实行与华为相同的企业制度；此外，对于华为内部一些自愿降低要求的员工（如本地化员工，他们不接受工作岗位调配），华为实行普通奖金制度，取消配股权益。总之，华为保持高科技发展路线的同时，也保证企业知识工作者的权益，而公司治理的权力也只能来自内部的业务骨干代表。

## 第三节　懂事的董事会

对于诺基亚的陨落，大多数人都会感到无比惋惜。它的陨落是出人意料的，那么大的企业竟然在短时间内衰落，但这也符合常理，因为每个企业都有生命，即使是存活了上百年的常青之树，也难保证生命会永续。

关于生命，一种新的学说认为，"生命熵"的增加决定了生命体必将走向死亡。"熵"这个概念来自物理学，来自被称为"熵增"的热力学定律。它是说在一个封闭的系统中，如果没有外来的能量补充，热量总是从高温物体流向低温物体，最终达到热平衡，即"熵死"。此时，这个系统就没有了生命运动。熵增是一个不可逆的过程，如同时间是不可逆的，于是人们想到，人的生命一定也是在不断熵增，所以没有人能逃脱死亡。

企业也是如此，如果时间无限延长，谁能保证可口可乐、摩根大通、沃尔玛会一直存在？因此，我们应当坦然看待企业的消亡，但对企业个体而言，生存永远是最有意义的。这是企业的生命，也是一群人的生命，人只要活着，都希望自己的生命绚烂多彩。如果要延长生命，就要避免熵增的速度过快。任正非说："华为公司长期推行的管理结构就是一个耗散结构，我们有能量一定要把它耗散掉，通过耗散，使我们自己获得一个新生。"这就是任正非的"熵减"理论，目的是促使华为保持压力，有了压力，华为就有奋斗的动力。

华为这种熵减，首先是从公司治理层的董事会开始的。董事会是公司的大脑，只有思想保持活跃，整个机体才能保持活力。诺基亚的熵增首先表现在董事会，董事会不能与时俱进地管理现代技术和业务，怎么能够带动企业挑战新的高峰呢？华为要避免董事会的熵增，就要辨析出熵增的原因，找到改进的方法。

在传统的公司治理中，董事会与经理人角色的分工既带来了好处（由专业的 CEO 管理公司日常事务），又容易让董事会变得养尊处优。我们不能说绝对没有那种始终保持积极态度和行动力的董事会成员，但毕竟惰性是大多数人的天性，正如熵增是自然的。因此，要保持董事会的活力，就需要建立一种机制。华为的办法就是，让董事会真正承担起战略决策与重大业务规则决策的责任。一般企业的董事会往往通过设置战略委员会、审计委员会、提名委员会、薪酬与考核委员会等，对"权力"进行管理，而华为董事会下的委员会则是战略发展与客户委员会、人力资源委员会、财经委员会、变革指导委员会、产品投资评审委员会等，更侧重对"业务"进行指导和管理。换句话说，华为的董事会比诺基亚的董事会更能够保障董事会成员对业务的熟悉，让董事们保持"懂事"的状态。

需要说明的是，上述华为的几个委员会中，有些原本是由公司治理结构中的 CEO 管理，而不是董事会，即在 2011 年之前，一部分委员会隶属于华为的 EMT。在当时，EMT 相当于最高决策机构。华为公司在 2011 年选举产生第四届董事会、监事会后，高调宣布在公司治理架构上进行重大调整，公司董事会取代 EMT 成为公司的最高决策机构，建立轮值 CEO 制度。2018 年，华为又进行了一次顶层设计，建立轮值董事长制度。华为公司的董事会是一个集体的领导班子，由轮值董事长领衔，半年进行轮换，实行集体领导，不把公司的命运系于个人身上。集体领导遵循共同价值、责任聚焦、民主集中、分权制衡、自我批判的原则，使权力在闭合中循环，在循环中科学更替。华为副总裁徐直军介绍说，其实股东代表大会、董事会以及 EMT 在华为发展过程中一直存在，只是作用和区别不是特别明显，以致董事会和 EMT 成员大部分是重合的。EMT 曾经是华为"独创"的一种组织结构。2005 年起，作为华为的"经营决策组织"，EMT 采取轮值主席的方式，形成了一个集体议事机构。经过一段时间的探索，2011 年，华为将 EMT 组织下沉到三个事业群，董事会开始正式运作。因此，我们可以认为，前期 EMT 隶属的委员会，也是华为董事会下的委员会，虽然随着历史变迁有所调整，但我们仍然要识别出作为华为董事会应有的业务管理能力。

华为对董事会职责的这种定义极有意义，因为这意味着"董事们"必须真的"懂事"。"董事"与"懂事"之间只差一个竖心旁，用了心，治理的效果就大有不同。华为公司这样定义董事会："董事会是公司战略、经营管理和客户满意度的最高责任机构，承担带领公司前进的使命，行使公司战略与经营管理决策权，确保客户与股东的利益得到维护。"这里，战略是龙头，经营管理是执行，客户满意是结果，这俨然是一条龙的业务管理机构，而不是单纯的权力管理机构。因此，华为的董事会职责既治理公司，又经营公司，这是企业过了青春期所表现出的特点：公司最高管理层就有经营能力，公司降低了对经理人委托经营的依赖，减少经理人个人原因对公司经营造成的风险。

为什么华为的公司要董事们亲力亲为，减少对职业经理人的依赖？这也是先进生产关系的体现。在传统治理结构中，董事会是股东的一级代理，从根本上讲，董事们的首要任务是代表资本，而发展业务和技术不是他们的首要任务，他们只要将经营的主要权力授权给职业经理人就行了。当企业由员工的知识资本构成时，代表股东利益的董事本身也是技术和业务中的佼佼者，他们的专业洞见能力可能比 CEO 更强，因此，董事会完全可以承担业务方向、方针和政策的制定，而 CEO 可以扮演一个裁判的角色。这是华为通过许多年的实践，在公司治理探索中取得的突破。起初，任正非发现，集体决策能够弥补 CEO 个人决策的风险，因此实行了 EMT 制度，而随着 EMT 实践的深入，将 EMT 下沉到事业群后，董事会更能保持活力，而不是像西方许多代表资本方的董事会那样容易游离于业务管理之外。华为这种公司治理模式的优点在于以下几方面。

（1）减少对代理经营者的依赖。传统公司治理以委托代理为基础，将企业经营管理的主要工作委托于总经理，对总经理提出了较高的要求。这实际上也容易成为企业的天花板，因为人的能力总是有限的，这也容易把企业与个人决策风险关联起来。华为增强董事会的业务能力，减少对总经理角色的依赖，因此使得企业更加稳健。

（2）立足长远，聚焦业务。董事会侧重于业务管理，并且以集体领导的方式进行，必然使得企业的业务决策更加科学，能够以全面的视角把握企业的发展方向。

（3）提高决策质量。在传统的公司治理中，很多业务决策的发起和落实都倚重 CEO，这是存在风险的，因为一般人都会看不到自己的盲区，忽略风险，而在华为这种模式中，CEO 是行动方案的审查者，可以与董事会互为补充，扫清各自的盲区。

（4）建立平台型组织。华为公司治理模式的结果是打造一个服务型的管理团队，服务于企业平台。华为公司如此表述："为逐步打造公司支撑不同业务发展的共享服务平台，并有序形成公司统治实施的抓手，公司成立平台协调委员会，以推动平台各部门的执行运作优化、跨领域运作简化、协同强化，使平台组织成为'围绕生产、促进生产'的最佳服务组织。集团职能平台是聚焦业务的支撑、服务和监管的平台，向前方提供及时准确有效的服务，在充分向前方授权的同时，加强监管。"

　　需要说明的是，华为的治理结构是经过长期摸索而形成的，较标准的模式而言是有突破的。但这种模式即便再好，我们学习和研究时也不能跳过其发展历程，不能直接关注最新状态。如今的华为已经跨过青春期，而很多企业仍然处于变革转型阶段，应当对标华为同一时期的治理模式。

　　如图 1、图 2 所示，比较 2009 年和 2017 年华为的公司治理架构，我们可以看出，有些功能性质的专业委员会已经不能直接看到了，但这些功能在华为的转变过程中发挥了很大的作用。现在，这些功能不是不存在，而是运用成熟后被包含在了执行层的组织架构中，各经营单位能够自行掌握。例如，现在华为各业务单元都有自己的 EMT。我们研究华为的治理结构，不能跳过 2009 年之前的这些功能。只有健全了组织功能，才可以减少对 CEO 的依赖，建设高水平的公司治理结构。

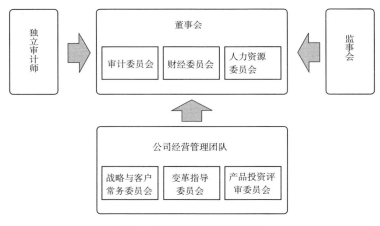

**图 1　2009 年华为治理架构**

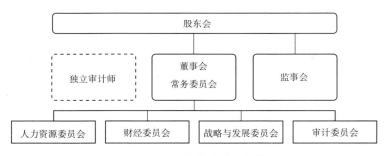

**图 2　2017 年华为治理架构**

## 第四节　战略感应术

公司治理是企业的顶层设计，涵盖经营管理的方方面面，所以公司往往需要设置专门的委员会来帮助治理层应对各种工作并提高工作效率，例如董事会可以下设战略委员会、审计委员会、提名委员会、薪酬与考核委员会等，监事会也可以设置履职尽职监督委员会、财务与内部控制监督委员会等。这些委员会成了董事会、监事会的辅助机构，研究和制定针对专项领域问题的建议和方案，供董事会、监事会决策。

在各种委员会中，战略管理方面的委员会是最为重要的，它们决定着公司前进的方向，是胜利的起跑线。目前，华为公司的战略工作承载于 ICT 基础设施和消费者业务管理委员会中。为了便于与业界公司治理的通用模式进行对比，我选取华为曾经的战略发展委员会进行对照，其职责是这样的：战略与发展委员会是公司战略发展方向的思考者、建议者和执行的推动者，通过洞察行业、技术及客户需求的变化趋势，寻找公司的发展机会和路径，对产业投资、技术、商业模式和变革进行宏观管理，实现公司持续有效增长。这段描述或许在其他公司中也能找到相似的定义，但实际的理解和执行未必都在相同的境界上。

首先理解一下"战略"。"战"为军事，商场如战场，这一点比较容易理解。"略"则有以下四重含义。

（1）经略，是对增长领域的谋划。"略"是侵入他邑、重定疆界的意思，即侵略。侵略是贬义词，因为这是侵占别人的利益，但在古代，为了争夺生存空间，侵略难以避免。当今社会的生存空间可以纵向发展，即通过不断提高生产效率获得更多的财富，因此，当今的"略"指的是创新，这是企业的根本目的。企业制定战略并非瞄准既有市场，收割利润，而是创造利润空间，所以企业经营应有的哲学不是追求市场均衡，而是通过创新推动消费需求的升级。很多企业在经营哲学上就出了问题，瞄准的是赚钱，其实是捡了芝麻丢了西瓜，战略上就沉迷于误区中。

（2）谋略，是追求长远目标的谋划。所谓谋划，是针对困难问题研究其解决之道，所以战略首先要解决大问题，小问题没有多少困难，其次谋略要充分考虑困难因素，才能找到合适的、可行的解决方案。这决定了战略管理者要"懂事"，甩手掌柜式的战略管理注定是漏洞百出、一触即溃的。

（3）要略，是对战略"要点"进行管理。战略的执行是一连串的行动，管理者不可能事必躬亲、面面俱到，高层对整个过程的把握需要有一种抽象的能力，把基本的、关键的要点提炼出来，作为管理的底线。具体执行中，可能有很多细节不是管理者预先所设想的，但只要整体上符合构想的模型，即使有偏差，也不影响大局。

（4）省略，即节约资源、聚焦重点之策略。"省"为"少目"，即减少目标，目的是聚焦。战略管理既要能"战"，也要能"略"，力出一孔，利出一孔，才能集中力量办成大事。

概括地说，战略就是一种从全局考虑，谋划实现全局目标的规划，是公司治理层面的首要任务。但是，战略制定得再好，实施措施不当，依然是白费力。什么是好的战略实施？这就是策略问题。"策"为马鞭，我们需要抽打马匹才能让它跑起来，所以很多企业实施战略的方法是依靠行政的力量。但是，人不是马，特别是拥有知识的人，他们是有思考力的，他们的思想意识不是用鞭子可以驯化的。

大多数公司从董事会开始，沿袭一种自上而下的治理秩序，如同给公司施"电"。"电"本意是雨中的闪电。这种管理方式是通过一种电流式刺激作用驱动企业去执行。其实，知识人是有智慧的，他们也有战略思考力，只不过他们的战略思考范围比较小，得到的信息支撑比较少，但能力并不一定比董事会成员差。他们的能力应当为公司所用，以增强企业的战略管理能力。如果去运用他们的能力，这就是"磁"的方式：用感应的力量激发基层团队在其工作范围内也进行局部战略思考。任正非说："方向要大致正确，组织要充满活力。"这就是说高层的战略不可能精准，只能大方向正确，但只要组织充满活力，人人为战略做贡献，就可以完整地实现战略目标。组织犹如一块铁，如果任其自然，铁块中的分子就是纷乱无序的，这时候的铁块辨不清南北；而当磁石靠近，铁分子就沿着磁力线整齐排列起来，这时候它们就有了明确的方向，局部的战略能力也是构成企业的整体战略的一部分。例如，华为董事会决定开展新的云业务，这是华为继运营商、企业网和消费者业务群后的第4个业务群，旋即开始部署这样的业务。由于华为不搞事业部制，不是每个业务群都是独立的子公司。业务群在差异化的基础上尽量多地使用公司共有的平台资源，这意味着所有相关部门都会感应到公司的新导向，无论是否收到公司的直接指示，他们都会调整自己的资源部署，为云业务的开展提供支持。营销部门就要做好适合云业务特点的营销措施，人力资源部门就要保证好人员供给，各研发部门就要积极推出适合云业务的应用等。凡是积极主动配合公司这一战略的部门，都会在考核中得到加分，而没有积极行动起来的，自然在考评上就会落后。所以，在华为这种体制下，不需要行政命令，公司依然可以很好地推动战略的落地。

华为的战略是在治理层与执行层的互动机制中进行的，这个机制就是华为的"从战略到执行"流程。对于流程，董事会并非置身事外，而是担起一个做事的角色，而这种角色打通了与基层的沟通渠道，使得关于制定战略的信息源源不断，这样领导层才能制定出真正切实可行的战略。华为的战略并非只集中在公司总部，各职能管理部门和业务单元都会设置战略部门，如研发战略、营销战略、服务战略、企业安全战略、供应链战略、人力资源战略、财务战略等，很多是这些单元自发成立的，或者至少自发完成了这样实质性的工作。这是上下感应的结果，各单元承接了治理层战略发展委员会的要求，同时也反馈和传递了需求，这也使得治理层充分了解基层的实际情况，统筹兼顾，发现最佳的商业机会，调动公司资源，持续向长远目标行进。

华为这种战略发展委员会的运作方式带来了诸多好处。

首先，这个委员会使公司战略立足于制高点。一个人站的高度决定了他的视野，一个人的视野决定了他的方向，一个人的方向决定了他的命运。很多企业为什么发展多元化？因为领导者的高度不够，东边的人说那里有金他就去东边掘金，西边的人说那里有钱他又要去西边发财，做不到力出一孔、利出一孔，这样的格局怎能壮大企业？华为的变革也触及了战略管理领域，公司在思想上确立了"以客户为中心"的核心价值观，深谋远虑，在组织和流程上遵循规则，上下感应，讲究科学方法，使得华为的公司治理也站在了相当的高度上。公司将战略管理作为重要的工作内容，依据公司内外充分翔实的信息，看透行业趋势、看明白客户的需求、看定市场竞争地位、看清自己的长短、看到市场机会，运用科学的管理方法，确定方向，制定目标，拟定步骤。一个公司只有顶层看得全，看得远，才能走得远，走得稳健。

其次，得益于此，华为始终能够找到"产粮区"。资源的稀缺性是箍在人们头顶的经济规律，因为地球空间有限，各种资源会枯竭，不能满足人们无限的需求，所以人与人之间、企业与企业之间充满了竞争。但是，创新又开拓了人们的无限想象，把一个又一个梦想变为现实，所以，地球的空间并不能限制人们的物质和精神食粮，创新可以帮助企业不断地找到新的良田。创新不是靠一个主意、一个发明就行了，连爱迪生的发明背后都有实业的支撑，况且当今突破性的发明创造几乎都是依靠群体的力量，这更需要一个有序管理的组织。公司治理关注战略的本质就是在找高效的"产粮区"。对现有的资源争得再多也没有多大意义，为人类找到更多的新粮食才是"而立之年"的企业应该做的事情。

再次，战略发展委员会可以健全组织能力。公司治理关注战略管理，并非基础组织就不用管战略。实际上每个细胞无论在身体的哪个部分，发挥什么功能作用，其内部的基因都是一样的。无论是销售部还是产品部，无论是人力资源部还是财务部，如果要发展完善自己的部门，就要有自己的思考，高层不可能面面俱到。公司战略对基层部门只起一个感召作用，而不是命令指挥，那么基层部门必然要主动承担自己的发展战略，这样的组织才是健全的。

最后，战略发展委员会能够持续培养后备人才。对于传统的公司治理模式，命令自上而下传达，基层永远只有执行的份儿，那么公司如何发现未来那种可以顶天立地的人才呢？而华为这种感应式的治理模式使得上下互动，基层的人员也有机会锻炼局部战略思考、规划和执行的能力，这有助于在内部锻炼和培养人才，使之成为企业未来的中坚力量。这种模式更能够凝聚企业的向心力，使得员工兢兢业业，奋发努力，企业始终走在良性循环的轨道上。

## 第五节　以人为本，开放治理

"国家治理"与"公司治理"虽然都包含"治理"这个词，但含义是不同的。"国家治理"的重点在于调节，引导企业和民众实现国家意志，它是比较开放的；"公司治理"的重点在于管控，防止企业偏离经营航向，它是比较收敛的。这两种治理都符合治理的字面含义，只是运用的思路并不一样。回溯"治理"的甲骨文含义，所谓"治"，是指抬高堤坝，治理水患，所谓"理"，是指在作坊里将璞石加工成美玉。治水可以水来土掩，制玉可以按期望的式样雕琢，但这都是简单的做法。高手的做法是像李冰打造都江堰那样顺势利导，既引水，又疏流，而名家按照玉石自然纹理进行雕琢，才能打磨出世间名器。所以说，同样是治理，理念不同，效果差异甚殊。

从根本上说，公司治理的对象是人，而现代人与马克思时代的人是不同的。马克思关注的大多数人是工人阶级，而现在从事工厂劳动的人只是众多社会角色中的一种，现代人的能力和财力是过去不可比的，很多人不会为了五斗米折腰，很多人追求自我价值至上，这体现出马斯洛需求层次理论揭示的原理。在马克思所处的年代，大多数人为了生存而去工厂工作，为了换取一日三餐，即使知道剩余价值被剥削了，他们也是没办法。但现在的人有一定的家庭积累，不会动辄被断了口粮，而且人们知识水平越来越高，越来越多的人接受了大学教育，总有一些理想和抱负，所以现在很多中国企业很明显感觉到"90后"与上一代人的就业观念和选择是不同的。

有人认为是"新生代"出了问题，但其实是公司治理模式落后了。传统的公司治理模式与企业的核心资产密切相关。自工业革命以来，机器、厂房、设备等生产资料成为企业的核心资产，股东对这些资产的投入首先应当得到保护，否则生产秩序得不到保障。因此公司治理保护股东利益，首先就能保障这些资产不受损失，使企业生产经营得以运转。但是，一个高科技企业还需要这样去保护企业的资产吗？企业的核心资产已经不是厂房、设备，而是拥有知识的人。拥有知识的人对机器设备的依附已经越来越少，他们最具价值的东西存在于他们的头脑中，可以随时带走。劳资关系与过往相比已经颠倒了过来，老板不是靠管控手段就能够禁锢住员工的，而是要与员工结成共生的关系，相互帮助，获得最大利益。

人力资源管理的重心应当从"人力成本"转向"人力资本"，这是新的公司治理的标志性内容。成本和资本虽然只是一字之差，但其内在的深刻含义并不是每一个企业经营者都明白的。人力成本是指企业围绕"人"发生的一系列费用的总称，通常包括工资、福利、社会保险、培训费用、招聘成本费用等；人力资本则是指凝聚在员工身上的知识、技能及其表现出来的能力，并且是能够带来价值增值的资本。在传统的以股东资本为核心的治理体制中，无论如何重视人才，公司都是为资本服务的，而在新的以人为本的公司治理中，公司首先要保障的是人才在创造价值的过程中得到回报，正如"华为基本法"所述的那样："强调人力资本不断增值的目标优先于财务资本增值的目标。"

通常，很多传统的公司治理中的人力资源委员会是一个权力中心，拥有人事任免的提名、考核和制定薪酬政策等权力。华为曾这样定义人力资源委员会的职责："组织、人才、激励和文化等组织核心管理要素的综合管理和提升者，进行人力资源管理关键政策和重大变革的制定、决策以及执行监管，支撑业务发展。"这表明华为将这一委员会定位于一种能力中心。当前，华为又进一步将人力资源委员会与财经委员会合并至"平台协调委员会"，进一步突出了管理层的服务和支撑定位，管理层以职能而不是权力的形式在企业中发挥作用。对于这种治理模式，任正非道出了其中的关键："人才不是华为的核心竞争力，对人才进行管理的能力才是企业的核心竞争力。"

新的公司治理模式应当面向知识人才，以人为本，以打造平台型组织为目标。股东投资的本质不是购买了一堆机器设备，而是搭建了一个服务平台，如同城市一样构建开放的生态，让知识人才安居乐业，而公司获得稳定的"税收"，进而繁荣昌盛。这种新的治理模式主要包含以下几方面含义。

首先，新的公司治理模式秉持服务型治理理念。新的公司治理模式要求公司治理必须树立以人为本的"知本主义"的思想，即员工是企业的主人，让掌握知识的经营者代表客户利益，掌握企业的权力，公司治理体系以客户为中心，为员工提供创造价值的平台服务，实现客户、企业、员工共同利益的最大化。管理层强调按规则办事，建立系统的流程和制度，而不是依靠指挥官的领导意志，这样在维护经营秩序和运营管控上才能目标明确，员工可以在遵从企业基本要求的基础上获得发挥才能的自由空间。以人为本的公司治理宗旨是将公司治理与业务经营的强制关系转化为管理服务与创业经营的供求关系，公司管理层所行使的权力不再是为了管控，而是为了给企业员工提供更好的服务。这样企业的管理机构才不会因为企业规模的扩大而成为官僚机构，企业规模扩大只是增加了业务的跨度，而不是增加了管理层级，这从根本上解决了企业的扁平化问题。更重要的是，管理层从此关注的是企业生态，而不是业务本身，公司培养的员工从为客户服务中获得营养，这正是一个以客户为中心的企业应有的状态。

其次，新模式是分工和职能缔结的合作关系。传统的企业治理模式是适应为股东创造价值的需要而建立的，这使得企业的组织结构建立在权力结构基础之上，自上而下的行政领导关系压抑了基层的积极性，所以传统公司治理模式不可能真正视人力资源为资本。在以人为本的治理结构中，领导也是一种职能，在以客户为中心的共同利益下，董事会、监事会、经理人及员工更主要的是分工合作关系，一荣俱荣、一损俱损，这能使企业获得真正的向心力，业务能够像滚雪球一样不断地做大做强。

再次，新模式倡导建设开放式的平台型组织。传统的公司治理模式是自上而下的管控机制，整个企业的运行都是由高层推动的，高层对员工进行服从式的单向管理，这难免会影响员工的积极性，造成出工不出力的局面。新的治理模式是打造一种开放式的平台型组织，尊重员工的劳动，使他们获得归属感，财散则人聚，人聚则强盛。华为是民营企业，员工来去自由，但如今的华为甚至比稳定的国有企业更有吸引力。

最后，新模式是在知识经济时代落实人力资源管理的根本保证。企业以客户为中心，必然需要确立以人为本的人力资源管理方针，这是一个硬币的两个面。传统的公司治理模式以股东为中心，视人力资源为成本，劳资双方构成买卖关系，员工为工资工作，心里装的自然就不是客户。而企业如果以客户为中心，不把资本作为主要的依赖，则必然倚重员工的知识、能力和价值创造，使得员工获得主人翁的感觉，充分燃烧自己的能力，这才是把人才作为资源最本质的管理方法。

## 第六节　从财务到财经的一字之差

在公司治理中，财务工作是最重要的抓手。一切经营活动都会反映在公司的资金活动上，这体现着企业各方面的经济关系。因此，财务报告就成了公司经营信息的主要载体，它是股东和相关利益人了解企业情况、进行判断和决策的重要依据。在公司治理结构中，公司往往会设置财务委员会专门管理财务治理问题，这是公司治理的重要组成部分，公司治理的目标在很大程度上是依赖公司财务治理来实现的。财务治理结构是一种契约制度，它通过一定的财务治理手段，合理配置剩余索取权和控制权，以形成科学的自我约束机制和相互制衡机制，目的是协调利益相关者之间的利益和权责关系，促使他们长期合作，以保证企业的决策效率。

传统公司治理建立在所有权和经营权分离的基础之上，由此产生了经营代理问题，公司需要对代理人的权力进行约定，而财权是最为关键的权力。财权主要包括财务收支管理权、财务剩余索取权和财务监督权，不同层次的经营管理者和所有者各自拥有多少剩余索取权，不同层次的财务监督者或监督机构各自掌管何种和多少监督权，事先必须用明确的契约或制度来规范，这是财务治理所关心的内容。但是，当治理层不需要经理人代理时，这种治理原则的基础就不存在了，公司的财权就不是体现在分配上，而是体现在运用是否合理，是否将钱用到应该用的地方上，这是新的公司治理对财务的管理目标。

在华为，几乎所有财务部门和财务业务都使用另一个词："财经"。从"财务"到"财经"只改动了一个字，其含义却大不相同。务者，为使命而奔忙也，执行者尽其义务即可，特别对财务而言，务求循规蹈矩，不出风险；而经者，纺织也，要把丝线织成布匹，这是人类最早的经营活动。一字之差，华为使财务工作迈过了青春期，将之提升到了战略地位，这也印证了华为战略工作对各领域工作的感应。

财务治理为何也要包含经营活动？这涉及财权支配的权力从哪里来。传统公司治理的财权来自各方利益的博弈，但这种博弈缺乏理性的支持，而更多地取决于参与方的谈判能力。在以客户为中心的公司治理机制中，利益方通力合作，在利益分配上不应当耗费过多的交易成本，这就必须依赖于一个强有力的财经治理机构为公司财权决策提供支持。如何让财经治理机构公正、科学、合理地提供决策支持？唯一的办法就是财务也要懂业务，财务懂了业务，就能明察秋毫，拥有至高的权力。

华为在治理层设置财经委员会（现已合并至平台协调委员会），将其职责定义为："财经委员会是华为企业价值的综合管理者，对经营活动、投资活动和企业风险进行宏观管控，使公司在机会牵引与资源驱动之间达到动态平衡，实现公司长期有效增长。"华为财经治理的定位不是权力管控，而是对业务发展的管理。华为的财经治理注定不是一种单纯的"财务治理"，而是财务和经营的混合体，这体现在华为的财务是与公司的战略、业务和管理相挂钩的财务治理。

## 与战略挂钩的财务

中国经济建设的成功在于将财政政策与国家战略挂钩，所以一个企业若将财务与战略挂钩，也将表现出十分强大的力量。企业的资本不在于多少，而在于增值的速度，而增速就在于能否看得更远。盲目追逐一个热点，往往就会失去抓住下一个热点的机会，而战略是在未来各种热点中选择一条串联起来的路径，企业可能没有踩到所有的热点，却能够保证一步接一步地不停歇。

作为掌握财政大权的华为财经，它始终如一的任务是平衡"加油门"与"踩刹车"之间的关系，把握扩张与控制、效率与安全、短期目标和长期目标的节奏，既要有粮食，也要培育土壤肥力，让有限的资金发挥出最大的效益。例如，对于经营单位的财务考核，除了有销售收入、贡献利润率、现金流等指标外，还有存货风险、内控成熟度、重大负向事件考核等扣分指标，这些指标不是固定不变的，而是根据每年的战略规划和年度任务进行调整的，要合理设置各项指标的权重。

华为财经体系从以下 5 个方面发挥着战略管理和控制作用。

（1）统筹资源配置，牵引资源对准战略。财经最核心的职能是统筹资源配置，做好公司治理层面的"宏观调控"，制定配合公司战略的预算核算管理机制，保障战略落地并正确执行。

（2）做到事前、事中控制，提前排除业务风险，保证业务决策质量。瞄准战略的财务就不是事后处理者，而是走到了业务前沿，从财务角度与一线业务人员并肩作战，用专业知识提前发出预警，减少业务损失。

（3）量化管理，设立科学的战略控制目标。财务的特点是可以用量化的方式反映业务的状况，因此可以将战略转换为一些可操作的控制点，例如通过设立一定的财务指标，对业务的过程、趋势做出要求，达到有效监控和管理的作用。

（4）经验复盘，持续改进。任何业务的成败归根结底是在财务上有没有赢利，投资回报率大小如何，因此财务复盘可以对一个阶段的战略实施情况进行总结，在下一个阶段进行改进。这种围绕财务目标进行的总结是对价值最直接的衡量，具有科学性和现实性。

（5）合规经营，保障战略目标的达成。合规经营是业务人员比较容易忽视的问题，财务人员应当成为业务经营的助手，排除战略实现过程中隐蔽的"地雷"，当好冲锋路上的助攻手。

## 与业务挂钩的财务

很多企业对财务岗位的要求是很明确的，比如需要具备财务专业知识，能够做好财务管理，运用财经手段使公司资本保值增值等，但千变万变，都是要求员工成为一个合格的财务。但是，华为的"财经"理念则不同，成为财务并非对财务人员唯一的要求，财务人员应当是业务与财务的复合型人才，即懂业务的财务人员，甚至，非财务出身的业务人员也可以主管财经事务。

任正非说："财务与业务是唇齿相依的，只有共同成长，才可能拥有希望。财务做得不好，业务也不可能独善其身。"华为对财经团队的定位与要求包括以下三点。

（1）财务人员只有深刻理解业务，才能有效履行职责。为此，华为从各个业务部门抽调干部，加强财经组织的建设，帮助财经组织更加密切、更加有效地深入业务，同时在思维方式、做事策略等方面改变财经组织一直以来简单、固执、"只会苦干，不会巧干"的做法。这就是"掺沙子"的方法，使华为的财经形成"混凝土"。

（2）财经干部的能力来源于业务的历练。项目财务是最基础的财务实践，是财务人员必须掌握的能力。一个小型项目的全循环就可以帮助他真正认识财务和业务，为转型成为各级CFO（首席财务官）奠定基础。

（3）懂业务才能监督。财务不是决策者，而是建议提供者和业务监督者，不了解业务，财务就不能有效地服务和监督业务的运作，难以履行财经的职责。

由于华为对财经体系提出了这样的要求，华为的财经部门才能有超强的执行能力，如同一支球队的后卫队员，不仅能踢好后卫，还能穿插前场助攻，把攻击线前移，这样战斗力怎能不强？华为有一个非常知名的集成财经变革的项目 IFS（集成财经服务），是为了解决财务信息透明的问题而开启的，它使公司及时掌握各项业务的财务表现，以此支持科学的决策。这是一个业务与财经融合的项目，虽然变革的主导方是财经部门，变革以解决财经问题为目标，但项目一期落地的内容大多数在其他业务部门，如商业模式重点在前端销售部门，交付计划和监控主要在合同履行部门，配置打通主要在供应链部门等，财经体系如果没有对业务的管理和协调能力，这个项目是成功不了的。

## 与管理挂钩的财务

企业的财务能否直接创造利润？通过对资金的合理管理和运用，如投融资策略等，财务可以为企业带来增值。这对金融性企业而言是主业，而对实业公司来讲是副业。副业当然可以赚点钱，但因此引起财务部门的过度投入，则得不偿失。财务部门应当向内部要效益，在企业的内部管理上下功夫。

预算管理是财经管理的重要环节，在华为，预算不是财经组织的独角戏，而是由财经委员会直接领导的、各业务部门全方位参与的资源配置行为。围绕战略相关的经营目标，财经与业务共同制订预期的战略控制点，如关键绩效指标、关键控制点等，并以此为工具，在战略执行中与业务部门同步做好资源调配、动态监控、组织沟通、绩效管理等，对符合预算的快速放行，对不符合预算或未达标的，及时纠正或止损。所以财经也是在踏踏实实地做业务，这就是一种对公司的管理贡献。

与预算相对应的另一项工作是核算。一般公司的核算瞄准外部规则（如国际会计准则），而华为的核算还十分注重内部管理诉求（比如战略牵引、管理意图），制定相应的内部核算政策。华为的原则是做厚客户界面的核算，满足以客户为中心的管理需要，实现预算预测的闭环，为有效授权确定标准，让核算拥有真正的"战争指挥权"。换句话说，华为的财务核算更多是为内部服务的，总结财务经验和规则，不断提高财经运作效率。

## 第七节 流程型组织的旗舰

以客户为中心的公司治理体系可以没有 CEO，但不能没有指挥中心，其指挥中心是一种去中心化的指挥系统。什么是去中心化？就是企业的各个职能互为中心，在销售这件事上以销售职能部门为中心，在研发这件事上以研发职能部门为中心，在财经这件事上以财经职能部门为中心。它们之间相互指挥，并非井水不犯河水，对研发的项目，销售也要参与，负责提供市场信息，财经也要参与，负责提供财务分析，同样，对销售的项目也是如此。这种关系犹如人体的脏器各自分工，又相互影响，这样才能保障人体健康。

这与当前企业最普遍采用的组织形式——直线-职能制，是完全不同的设计思维。直线-职能制组织结构以直线为基础，在各级行政主管之下设置相应的职能部门（如计划、销售、供应、财务等部门）从事专业管理，职能部门作为该级行政主管的助手而存在，实行主管统一指挥与职能部门参谋指导相结合的制度。所谓直线，是指上下级的行政领导关系，最原始的企业组织就是单纯的直线制组织。后来随着规模扩大，企业需要专业人员进行管理，才设置了财务、销售、生产等职能部门，于是产生职能制。随着企业进一步扩大，职能指挥矛盾凸显，如销售部要签订一份合同，完成销售任务，但财务部看到其中的商务条款有风险，不同意签，其他部门也有这样那样的意见，在矛盾和争议中，企业可能错失商机，于是企业管理界将直线与职能合并，创造出直线-职能制，用行政的力量迅速解决争议。此时，职能就成了辅助，所以直线-职能制又称为直线参谋制。虽然现在有不少企业的组织结构呈现出其他模式，如事业部制、矩阵制，但基本内核还是直线-职能制。

　　直线-职能制十分符合 CEO 领导管理的模式，以行政为主线，各级行政领导者逐级负责，高度集权，经营职能高于其他职能，下级机构视上级部门的命令为最高指示，企业可能借此压制职能管理部门的要求和监督。面对职能制带来的矛盾，企业可以依靠 CEO 的行政权力强行干预，做出裁决，以解决决策效率问题。但是，这是一种头痛医头、脚痛医脚的做法，并没有从根本上解决问题。治疗一个脏器时，不能以损伤另一个脏器为代价，所以解决问题的办法是系统调理，内外兼治。华为的做法是直线与职能并举，它并没有把职能作为辅助部门来看待，而是让二者平等协作，有问题充分协商，在坚持原则的前提下妥协，最终达成意见一致的解决方案。费尽心思达成妥协的方案比仓促决定的方案更周到，因此是质量更高的行动方案。这是对业务问题的成熟思考，是企业青春期后应有的处世态度。

直线-职能制的另一个问题是会产生对企业自身的"扼杀力"。行政权大于职能权的结果就是让企业形成科层制，当企业规模扩大到一定程度时，所有人对上负责的态度会导致各部门看中自己的利益，不愿承担风险责任，遇事相互推诿，设置起厚厚的部门墙。这就是企业业务流程不畅、办事效率低下的原因，而最终的结果是经营成本提高，客户满意度降低，创新能力被扼杀，企业走向衰落。华为的平台型组织有一个核心，叫"流程"，华为通过它把业务端到端地打通，保证业务高效运转，所以华为的平台型组织被称为流程型组织。

流程型组织的建设并非端到端地设计流程就行了，这是很多企业的误区，它们把流程当作基层业务层面的事情，其实流程的问题首先是组织问题。流程畅通如同一个人气血畅通，这是生命力的象征，但气血畅通首先在于五脏的健全和活力，而不在于用人参虎骨之类的补药维持。所以，企业的流程并非要基层业务人员去设计和实施，而首先在于公司在治理结构中有没有合理地考虑业务结构的规划、发展和变革。

在华为的治理结构中，有一个"变革指导委员会"，它是一个从业务价值链角度管理业务架构的机构。业务架构不同于组织架构，它不是行政权力体系的组织结构，而是刻画业务活动特征的框架结构，是流程建设的基本逻辑，不受行政性组织的影响，可以使管理者看清业务本质。很多企业没有或者不重视这种框架结构，所以业务就会随着组织设计而走样，流程就会因为组织设计而隔断。

华为变革指导委员会的具体职责包括以下5点。

（1）变革管理。该项职责包括指导变革需求，确定公司变革战略和变革策略。所谓变革，是指制度的改变和更新，旨在推动企业管理机制的发展。制度的改变涉及关系部门的利益，因此变革不是基层部门自身能够推动的，必须由高层担负起责任来。变革管理的具体职责包括审议企业变革的战略规划，审批预算和管理变革项目，解决运行中遇到的重大决策问题和进行争议管理。变革管理使华为敢于突破传统思想的束缚，善于进行管理创新，逐渐地走向巅峰。

（2）业务架构管理。变革指导委员会负责对业务架构的顶层设计进行决策。业务架构主要指流程架构，它是企业业务流程的分类框架，按层级自上而下展开，是整个公司流程的目录结构。流程架构给整个公司流程带来了结构性的规范，可以明确流程段的边界，有利于明确责任人和工作范围，例如营销、生产、研发、财经等职能范围。公司治理先明确最高一层的架构划分,之下的各层级则由每个领域自己完成。沿着这个框架,任何问题都有明确的责任,不存在真空地带,保障业务畅通。

(3)流程体系管理。整个公司以业务规则为核心,建立变革、流程、IT管理体系,为此指导建立相应的组织和运作机制。企业要从公司治理层面重视流程,直接进行部署,把流程能力与人力资源、财经视为同等重要的企业支撑能力,这会影响整个企业的工作导向,令企业不忘初心,坚持以业务为上,实现为客户服务的目的。

(4)流程责任人管理。变革指导委员会根据流程架构的划分,对流程责任人进行任命。流程责任人与业务执行人(比如CEO)是两个不同的职位,前者有业务立法权,后者行使执行权。两者可以兼于一人,但这个人有两个不同的权力施用方向。通过执行权,业务执行人对下属进行包括考核在内的管理,通过业务立法权,流程责任人在所属专业方面拥有跨领域影响力的流程制定权,例如财经流程责任人可以签发财经领域的流程,并要求全公司遵守。

(5)流程执行机构管理。变革指导委员会可以设置日常机构进行流程体系的管理,包括任命和考核管理人员、日常运作决策和仲裁、管理变革项目、管理流程架构、管理流程体系运作以及下设机构等。这个机构也是一个管理团队，成员都是流程、业务和 IT 部门的管理者代表，这三个部门被称为 3T（BT、IT、MT）。

变革指导委员会是公司治理中比较特别的机构，因为一般的公司治理模式中没有这个机构。华为向 IBM 取经时引入了这套机制，就实际运作来看，它的确是建立流程型组织的关键，它把公司的经营业务引向了制度建设，当制度趋于完善，企业对经理人个人能力的依赖就能弱化。从流程型组织这个角度来讲，变革指导委员会起到了总协调的作用，是这种组织形式的旗舰。这种变化对公司治理模式影响很大，可以使企业突破经理人能力的瓶颈，让企业不断做大做强。

## 第八节　管理业务的三板斧

公司治理相当于一个家庭中家长层面的事情，而具体的职能（如研发、销售、供应、财务等）就相当于每个小孩子功课，家长一般不具体介入。但是华为对一个"小孩"特别关注，就是研发，华为在治理层特地成立了产品投资评审委员会（IRB，Investment Review Board），专门管理产品研发的投入事务。

华为这么做并非因为对研发有特别的偏爱，而是为了树立整个公司的风气。一个企业要真正做到为客户服务，与客户共同成长，最根本的是要有自己的核心能力，这种能力要求整个企业必须沉下心来，努力做好自己的工作，不断研究挖掘各个部门的潜能，在每一个方面做到极致，这就是对客户服务最大的贡献。华为的一线虽然充满狼性精神，但骨子里依靠的是智慧和苦练的基本功。很多企业表面上重视研发，实际上动辄搞内部竞赛，在潜意识中就希望快速从市场获利，沉不下心来，不可能有大作为。

华为在引进 IBM 的 IPD 方法之前，每年将销售额的 10% 投入产品开发，但是研发费用的浪费比例和产品开发周期是业界最佳水平的两倍以上，销售额连年增长，产品的毛利率却逐年下降，人均效益只有思科、IBM 等企业的 1/6 到 1/3。其中的原因是研发管理没有章法，小团队作战，不关注市场，没有团队间的关联，产品缺乏整体性，交付质量差，返工率高，重复和浪费的工作较多。另外，产品研发处于企业价值链最上游，这里出现的问题通过生产制造、销售、交付、售后服务等下游环节会产生若干倍的放大，因此，抓好研发龙头就能从源头上解决产品投资收益及根本的公司系统性问题。

IBM 专家提供的经验就是要抓好产品开发计划性和程序，严格对研发活动的关键节点执行评审，即按照 IPD 流程的要求进行管理。为此，产品研发从大到小的各级组织都设置了评审组织，如单领域产品的管理团队（PDT，Product Development Team）和跨领域的集成组合管理团队，而最高层级的就是公司治理层面的产品投资评审委员会。

产品投资评审委员会由公司各个体系的高层管理者组成，

其职责为分配资源给符合公司发展战略及预期收益高的项目，通过或否决新产品开发项目的业务计划，按计划给通过的项目投入相应的资源。作为公司治理层机构，产品投资评审委员会负责制定公司的业务使命、愿景和战略方向，并推动研发、市场、销售、服务和供应链等部门全流程的协作，可以解决有关新产品开发的任何管理和决策问题。

为什么很多企业也和华为一样实施了IPD，但几乎都不能取得成功？根本的原因就在于IPD的最高管理团队没有被放到公司治理层面。如果没有这个高度，该团队就不能推动市场、供应链、人力资源、财务等各个相关部门参与进来，IPD就变成了研发一个部门的事情，依然摆脱不了盲人摸象的命运。

产品投资评审委员会也是一个特殊的、在一般公司治理中没有的专门委员会，但从华为的实践来看，它又十分重要，这体现在它管理业务的定型、定调和定节拍这三板斧上。

### 给企业"定型"

很多企业在市场中都有特定的定位，如富士康定位于生产与加工，沃尔玛定位于卖货，耐克专门做设计（生产是外包的），埃森哲只卖知识和智慧。华为如何定位？最早它是做贸易的，利用毗邻中国香港地区的优势，代理了香港鸿年公司的小交换机产品，获得了第一桶金。在那个年代，共同掘金的企业还有很多，华为在其中甚至不值一提。但是，生意场上的任正非并没有盯着钱，而是关心客户的利益，当市场供给成为满足客户需求的短板时，他毅然冒着风险投入研发，抓住了商业的主动权。这个主动权就是产品，赚没赚到钱不是最重要的，重要的是有自己的产品，这样就能抓住自己的命运。

华为公司在治理层设置产品投资评审委员会，表明公司对产品的高度重视，确立了产品立本的经营思路。这个产品表面上看是研发部门主导开发的，但实际上好的产品也离不开各个部门的贡献，从市场销售到客户服务、从采购供应到内部支持，所有部门的劳动成果都会凝结在公司的产品上，因此产品投资评审委员会不是研发部门的指挥部，而是整个公司的指挥部。有了这个指挥部，无论公司扩张得有多大，各部门也知道指挥中心在哪里，工作的目标在哪里，它为企业设定了追求优质产品，服务于客户的经营模式。

## 给业务"定调"

所谓给业务"定调"就是指对公司的经营内容进行把关，例如对一个项目是否可以进行，可以投入多少，执行的负责人及层级等进行决策。作为一个企业，所有的经营活动都需要有回报，不能浪费公司资源，即使是战略性项目，也要评估背后带来的潜在收益。要把每一次经营投入都看作一次"投资"，要计算投资回报，并且要在经营项目开始之前就有个预估，定好执行的调子：有多大的规模，多高的回报率，就归属于哪个管理级别。是公司级别的还是基层部门的？这一切事前要心中有数，事中能够观察状态，事后可以检查总结。

"定调"这项工作需要认真对待，好的歌手会根据歌曲的内容和自己的声音特质起调，唱好每一首歌，如果不懂这些，随性起调，唱到后来可能破音或者走调。很多企业的经营"定调"也是凭感觉，认为砸了钱，占据了市场，就一定有收获，但事实未必，不少企业拿下中央电视台广告标王却"死"得更快。任正非说华为"要坚持有利润的增长、有现金流的利润，如果利润很多，可以拿出一部分来做战略投入"。可见，华为始终把握好了前进的调子。

## 给项目"定节拍"

给项目"定节拍"就是管理项目的几个关键评审点。产品投资评审委员会不会管理所有的项目，只管公司最高层面的几个战略性大项目以及重大问题的协调决策，基层项目由基层组织的团队进行评审管理。按照IPD的方法，这种评审是定点定时的。所谓定点是规定项目的几个关键决策点，在项目的概念阶段、计划阶段、试点阶段、推行阶段等都设置检查评审点，规定内容和质量要求，项目组照此准备，通过评审才可进入下一阶段。所谓定时是指这些评审有规定的时间，项目团队必须在这些时间点内完成充分的信息采集、信息分析、解决方案输出等工作，跟不上这个节拍，或者不能高质量地完成任务，项目组将受到利益上的损失。

产品投资评审委员会让高层直接参与产品和经营策略的评审，这对高层管理人员提出了非常高的专业要求，因此华为高层管理者始终选拔自业务经验丰富的骨干，华为让专家走上领导岗位。那些"空降司令"很难结合华为的业务、背景、历史、文化等因素在业务评审中发挥较大的作用，这就是华为"宰相必起于州部，猛将必发于卒伍"的原因。

## 第九节　自觉性是如何养成的？

在公司治理架构中，监事会是必不可少的，其目的是防止董事、经理人滥用职权，损害公司和股东利益。董事与经理人强调的是"任人唯贤"，他们是带领公司前进的火车头，而监事会的责任则是"任人唯忠"，不为利益所惑，忠实履行对董事和高管的监督。有了监事会，公司治理的权力就可以在闭环中循环，在循环中科学更替。

然而，如何履行好监事会职责是现实中的难题，人们一旦确定了游戏规则，就有人会钻规则的空子，道高一尺，魔高一丈。所以监事会也不能单纯地"忠"，简单地履行监督，而是要把"忠"字发扬光大，让每一个员工忠于职守。汽车光有刹车系统是不够的，驾驶员随意飙车，还是难以保障行驶的安全。最好的监督是防患于未然，因此重要的是让员工自觉地把工作做好，而不是等着监督来纠正。

如何培养上至高层、下至员工的自觉性？华为的做法一是要建立立体的防火墙，对潜在的问题要早发现、早灭火；二是要让管理者和员工在自觉纠错中获得好处。

## 建立立体防火墙

所谓立体，就是要打破平面的界限，让监督工作不只是停留在监事会，还要让经营机构承接监督工作，这就是董事会下的审计委员会。相对于监事会而言，审计委员会的职责更加深入业务层面。华为对于审计委员会的职责定义是：审计委员会在董事会授权范围内履行内部控制的监督职责，包括对内控体系、内外部审计、公司流程以及法律法规和商业行为准则遵从的监督。审计委员会的重要职责是内控体系建设，持续优化内控的三层立体防线，建设覆盖点、线、面、场的监督目标责任体系。

华为虽然不是上市公司，但仍然十分重视审计工作，特别是对内部也进行独立审计，抓住一些"点"上的问题，例如定期对某个经营单位进行整体性复盘，全面检查财务乃至延伸的业务，不放过任何一个违规问题。内部审计的确需要消耗一定的人力，因此只能抽样进行，一次解决一个点，但由于检查得彻底，处罚严厉，所以能形成威慑力，打消管理者和员工的侥幸心理，强化合规经营的意识。

一个点一个点地解决内控问题还不够，公司还需要扫描的方法，用一条线来横扫一片。就像医院检查中的 CT（Computed Tomography，即电子计算机断层扫描）可以一次性看到一个面的病理状况一样，华为的内控也有个 CT（Compliance Test，即符合性测试），是要各个部门对照流程和制度的要求，对进行过的业务进行复查，以此测试业务对流程的遵从度。华为的内控 CT 每季度进行一次，每半年还有一次更全面的 SACA（Semi-Annual Control Assessment，即半年控制评估），公司对评估的结果进行排名，奖优罚劣。

需要强调的是，从线到面的监督主体不是监事会，也不是审计委员会，而是各个业务部门自己，流程遵从是每个业务部门自己的分内之事，所以对流程遵从度的检查也是从自查开始的。审计委员会及其执行部门（财经管理部门）作为内控主管部门只是监督的组织方，对内控的秩序进行管理。各级部门的管理团队既要有李云龙式的人物，也要有赵刚式的人物，否则立多大的功，就有多大的过，到头来白忙一场。

最前沿的工作是要制造风险防范意识的气场。华为公司于 2014 年 2 月成立了道德遵从委员会，通过持续的宣传教育，让管理者和员工不敢、不能、不想腐败。道德遵从委员会不是正式的公司治理组织，而是自下而上的、民主产生的群众组织，职责是推动员工在道德遵从、企业文化、干部培养和自我批判等方面的精神文明建设，它是公司治理的外围辅助组织。道德遵从委员会并非直接从事内控工作，但成了内控体系的第一道防线。任正非认为，华为要用 90% 以上的精力把第一道防线建好。这道防线既要有规范性，又要有灵活性。没有灵活性就不能满足不同的客户服务需求。

## 在自我批判中得到益处

监督与被监督永远是一对矛盾体，被监督者永远处于一种被动的状态，无形中就会形成一种压力。有压力就需要释放，被监督者就会反抗，这种反抗可能并不表现为硬顶，却可以是软抗，员工可能出工少出力，为自己减压。所以，通过监督来制衡并不是一个好办法，让两种力量对冲，只能是相互消耗。

监督者与被监督者的两种力量其实可以合为一个方向。李云龙与别的政委搭档时两者是相克的，和赵刚搭档时两者却是相生的，赵刚能管住李云龙的臭脾气，但在关键问题上两人力往一处使，他能帮助李云龙解决困难。对于监督者，监督的不是人，而是事，事情做不好，一方面是要批评，但更主要的是要找到造成问题的原因。华为之所以能够形成自我批判的风气，就是因为自我批判不是什么不光彩的事情，而是暴露自己遇到的困难，公司则会立即设法解决这些困难，这样员工就能更好地工作，他们是自我批判的受益者。

人是有觉悟的，为自我实现而奋斗的人更是如此。自觉性的养成不能光靠思想教育，现实中的实际事情才是最好的教材。如果企业一味地批评责备，自我批判之风必然迅速熄灭，只有坚持把批判作为助推支点，炮弹才能飞得更远。企业的监督体系应当成为业务身边的助推火箭，切实做到以下三点。

(1) 推动业务持续改进管理问题，并转化为生产力。业务部门往往重点关注年复一年地割麦子，不注重生产工具的改进，有了问题带伤前进，效率低了自己都不知道。监督者发现的问题往往就是业务部门过于注重业务进展而忽略的管理问题，监督者可以让他们发现自己的伤病，适度休整，改进管理，提升战斗力。

(2) 使全员处于熵减状态，保持企业活力。热量的传递是自动从高温向低温转移，一个封闭系统最终会达到热平衡，这个过程就叫"熵增"，平衡之后的状态就是"熵死"，管理界用此比喻企业走向死亡。任正非的熵减理论主张在公司内长期推行一种耗散的管理结构，使组织在压力中保持活力，从而获得新生。而自我批判和控制使得员工永远只看问题，不会躺在历史功绩上吃老本，这样才能牵引组织欣欣向荣地发展下去。

(3) 全员动员使企业获得超强发展力。华为提倡自我批判是从每一个岗位、每一个员工做起的，因此带来的改进和发展动力来自每个员工，这样可以使他们自发地为客户目标而工作。这是企业潜能最大的发挥，正如高铁必须让每个车厢都具备动力，而不是依赖火车头。那些依赖火车头带动的组织，其前进动力终究是有限的。

## 本章小结

本章论述公司治理应当拥有的新模式，以华为的实践为背景，全面介绍这种新型的公司治理方法和特点。本章包含以下内容。

- 企业发展有一个青春期，应当重新思考规模发展与创业模式的差别。

- 华为公司治理权力的来源是知识资本，这比同股不同权的模式更为彻底。

- 华为公司治理的特点是加强了董事会对业务的管理能力，降低了对总经理或 CEO 的依赖。

- 战略感应术——华为战略与发展委员会和各部门战略的互动关系。

- 以人为本，开放治理——华为人力资源委员会面向知识资本的开放、服务的治理理念。

- 从财务到财经的一字之差——华为财经管理委员会融合财务和业务管理的做法和意义。

- 流程型组织的旗舰——华为变革指导委员会在流程型组织建设中起到的作用。

- 管理业务的三板斧——华为产品投资评审委员会在产品研发和公司经营中的作用。

- 监事会、审计委员会等监督机构，如何通过培养自觉性来更好地履行职责。

第七章

流程型组织

华为最宝贵的是无生命的管理体系，以规则、制度的确定性来应对不确定性。

——任正非

## 本章概述

 与公司治理结构紧密相连的是企业的组织架构，它们是唇齿相依的关系。在华为 2018 年以后的财报中，公司治理部分已经直接用组织架构来展现治理关系，这说明华为的公司治理与经营管理高度融合。但是，即使是组织架构，华为赋予它的含义也远远不只是我们所见的实体组织，更重要的是背后的机制——一个依靠流程化运作的组织。

 流程问题不是简单的业务活动序列问题，而是要有层次。正如一个国家的公路体系有高速路、快速路、国道、省道、县道之分，才可以高效地运转起来，流程体系建设也要分清道、法、术、器，有序开展。本章初步介绍一下流程体系建设的基本原则，从企业高层管理的视角鸟瞰流程型组织。

# 导入案例：20 年磨一剑，华为流程再造是如何炼成的？

流程再造成功的案例有多少？已经有无数的企业和咨询公司宣称取得了显著的成效，它们纷纷拿出具体的流程优化点，以及运行后的效率提升数据。是的，这些可能是事实，但是绝大部分都是局部的胜利。解决局部交通堵塞未必能缓解城市的整体交通状况，只是把拥堵问题推到另一个路口。当然，企业可以根据"拥堵情况"一个接一个地解决，但往往解决问题的速度赶不上业务的发展速度。所以，最终衡量企业流程再造是否成功，要看流程建设的能力是否与业务同步发展。按照这个标准，有几家企业能做到？

华为公司 CIO（首席信息官）陶景文在 2016 年接任公司质量与流程 IT 总裁后，对质量与流程 IT 部的组织结构进行了一次大的调整，原来流程 IT 部中的各领域流程管理人员划归各业务领域，质量与流程 IT 部门只进行总体的协调管理。这样做的背景是华为经过将近 20 年的变革，流程变革与优化已经深入人心，流程与业务高度融合，业务部门已经感受到流程给业务带来的好处，如果不把这些善于进行内部优化的人才划归自己门下，那么提升内部效率的功劳就白白让给公司的质量与流程 IT 部了。这种意识比华为历次搞的 IPD、ISC、LTC 变革更重要，因为这是企业长期坚持下去的保障。一个企业出现了"争抢流程管理人才"的局面，才能说明流程再造真正成功了。

然而，华为等了将近 20 年才等到这个局面！尽管 20 年前任正非出访美国后力推 IBM 的管理方法，但当时对于企业管理一无所知的华为员工并不知道提出怎样的要求才能切中时弊，就好像一个毫无医学知识的人描述自己的问题时，只会告诉医生自己哪里疼。所以，华为在 1998 年与 IBM 的第一个合作项目是流程及 IT 策略与规划项目，主要内容与核心目的是规划和设计华为未来 3~5 年需要开展的业务流程和所需的 IT 支持系统，由 IPD、ISC、IT 系统重整、财务四统一（财务制度和账目统一、编码统一、流程统一和监控统一）等 8 个子项目组成。从这些项目的设置上看，最初的出发点是立足 IT 解决业务效率问题。

然而 IBM 的诊断切中了华为的 9 个本质问题。

（1）文化：故步自封，技术驱动，自我为中心。

（2）组织：本位主义，部门墙厚重，各自为政，内耗大。

（3）人员：依赖英雄，成功难以复制，组织风险大。

（4）流程：缺乏结构化端到端流程，运作过程割裂。

（5）技能：游击队，作业不规范，专业技能不足。

（6）产品：和市场分离，产品开发不是围绕市场的成功而进行的。

（7）知识产权：产品标准等方面的新问题层出不穷。

（8）交付：质量不稳定，频发的售后服务冲击了研发节奏，蚕食利润。

（9）研发：技术开发和产品开发未分离，质量和进度不
　　　受控。

　　这些诊断意见引导华为开始进行深入思考，聚焦业务问
题。为此，华为成立了流程 IT 部，抽调业务骨干负责流程建
设，同时与 IT 协同，一方面确保开发的流程可落地，另一方面
也避免了各个业务部门直接指挥 IT 所造成的流程与 IT 两张皮
的现象。

　　此后，华为经历了一系列的变革，包括 IPD、ISC、DSTE、
IFS、LTC 等。为什么这些项目不是一步到位，而是经历了许多
年，并且不是齐头并进？原因有以下 4 个。

（1）每一项变革不是单独一个领域、一个部门的事情，都
　　　是相互关联的，因此每一次变革都要吸引很多资源参
　　　与，一下子全面铺开不利于集中力量把事情做扎实。
（2）每一次变革要立足长远，吸收先进理念，这些理念
　　　往往在 IBM 也是探索中的，需要有一定的时间研讨
　　　落地。
（3）流程是最佳实践的总结，而最佳实践总是在发展中前
　　　进，流程也需要迭代前进。
（4）流程的执行效果需要很多配套保障，如 IT、质量、内
　　　控等，以及培养流程遵从的文化氛围，才能让流程的
　　　收益得到切实的体现。

　　长期坚持必然形成一种流程文化，让每一个人在流程中获益。华为会定期或不定期地梳理每个人遇到的业务痛点问题，这些问题就是企业的效率或风险控制问题，公司会依据轻重缓急加以解决，而这种解决是制度化的，即落实到流程与 IT 系统中的，随着时间的积累，业务痛点越来越少，员工越来越聚焦于多产粮食的工作中，自然就会对流程刮目相看，华为也就出现了 20 年后"抢流程人才"的现象。

　　现在，华为质量与流程 IT 部门的业务人才被抢走之后，剩下的主要是 IT 人员。这并不是坏事，可以使这个部门更加聚焦企业的 IT 建设，打造现代化的企业。流程建设无论如何先进，没有灵活的、高效的、智能的 IT 武器，也是不中用的。

**案例分析**

　　流程建设项目的好与坏涉及具体的专业场景，不见得流程快就是好，有没有风险问题？这些需要时间验证。我们可以跳出流程本身，看看企业员工对流程再造的真实评价。华为质量与流程 IT 部人员的调整正是这样一个难得的实例，这个实例以流程人员的受欢迎程度见证流程再造的成功。

　　这样的成功来之不易。板凳要坐十年冷，而华为流程再造获得认可，又何止十年！华为的成功是用一项又一项重大变革换来的，它用一个又一个事实教育了员工。当城市里只有一条地铁线路时，人们并不会对地铁产生依赖，因为在很多情况下，一条地铁线并没有带来多少便利。只有建了多条地铁后，人们才会发现地铁是如此便利，以后在建设和选择物业时就会考虑地铁建设。流程再造就是这个道理，偶尔的一次流程建设体现不出再造效果，只有当人们做业务时都想着流程，把流程造到人们的脑海中，这才是流程再造。

## 第一节　企业之道：以组织再造保障流程再造

企业因何而诞生？亚当·斯密第一个告诉我们，分工可以提高效率，这才有了企业。分工导致两个结果：一是做事要有分阶段的程序，即流程；二是各个阶段要由不同的人来负责，这就是组织。也就是说，流程与组织是同时诞生的，缺一不可。

但是，现在大多数企业关注的是组织，轻视的是流程，厚此薄彼。由于企业的组织几乎都是以科层制为核心的，行政管理自上而下，下级需要对上级绝对服从，对于横向跨部门的指令可以置之不理，这种组织强势就把很多业务流程隔断了。这是企业的通病，于是在 20 世纪 90 年代兴起了一种反思思潮——流程再造。

流程再造由美国麻省理工学院的迈克尔·哈默和 CSC 咨询集团总裁詹姆斯·钱皮提出，这种管理思想很快就被人们所接受。流程再造是一种企业活动，是要从根本上重新而彻底地分析与设计企业流程，并管理相关的企业变革，以追求绩效，使企业实现戏剧性的成长。流程再造的核心是面向客户满意度的业务流程，而核心思想是要打破企业按职能设置部门的管理方式，代之以业务流程为中心，重新设计企业管理过程，从整体上确认企业的作业流程，追求全局最优，而不是个别最优。

哈默和钱皮提出了流程再造的理念，其具体内容仍然需要大量的实践加以完善。遗憾的是，从现实情况看，虽然很多企业随后进行了流程再造的实践，但并没有多少企业发生了人们所期望的戏剧性改变，传统企业普遍被互联网企业、新技术企业所超越，流程再造并没有挽救传统企业的颓势，相反，那些从头开始的新兴企业没有再造的包袱，轻装上阵，轻松走到了时代前列。换句话说，"流程再造"不如"流程新造"，与其改造一个旧企业，不如重新建一个新企业。

其实，流程再造理论的出发点是没有问题的，但后继许多流程再造专家的实践和发展走入了死胡同，他们过于专注于将这套理论向下落实，总结了针对流程本身的许多优化方法，但没有向上研究，去寻找更加根本性的问题：造成流程断裂的组织问题。

流程再造理论有两个问题需要探讨：一个是流程的本质问题是什么，另一个是阻碍流程的根本原因是什么。

**关于流程的本质**

企业中的业务流程是为达到特定的价值目标而由不同的人分别完成的一系列活动。活动之间不仅有严格的先后顺序限定，而且活动的内容、方式、责任等也都必须有明确的安排和界定，以使不同活动在不同岗位角色之间进行转手交接成为可能。这是对流程形式的完整表达，使我们可以清楚明确地看到一个流程，判断哪些流程好，哪些流程不好，因此要将不好的流程改造为好的流程，这就是流程再造思想盛行的原因。

但"流程"这个词原本的意思是水流的路程，这是自然形成的，刻意改变水路往往不能解决根本问题，这也就是为什么大禹治水最终用了疏导的方法。业务流程好还是不好，这要身在业务中的人员来判断，不是制定者认为一个流程好，它就真的好。流程本质上是业务的最佳实践，这种最佳实践使所有利益相关人都能达成一致。尽管每个人从局部视角看不是利益最优的，但是集体可以达成行动的最佳利益平衡方案。

华为公司副董事长徐直军总结了下面这样一些华为对流程的认识。

（1）业务流是客观存在的，不论是否用业务流程来描述和定义，业务流天然存在，所有业务部门都工作在业务流或者支撑业务流的支撑活动中。

（2）流程是对业务流的一种表现方式，是优秀作业实践的总结和固化，目的是不同团队在执行流程时获得成功的可复制性。流程是对业务流的一种表现方式。越符合业务流的流程越顺畅。

（3）在 IT 中跑的是固化的流程，本质上跑的是业务。IT

就是承载业务作业流程并实现业务数据自动传递和集成的使能器。

徐直军的这些总结表明，流程的形式并不重要，因为即使没有被定义性地描述出来，流程也是存在的，不要刻意用一套流程来指导业务，更不要用一套 IT 系统来否定传统业务，流程是实践后产生的，是对最佳实践的发现。流程就像经济规律那样，它也是看不见的手，我们可以努力逼近它，但不能改变它。

比较传统业务和现代互联网业务，我们会发现，其实流程在本质上是没有变化的，只是技术发展导致流程形式发生一些变化。例如，传统的超市和网络上的天猫超市，其购物过程都是备货、陈列、比较选购、完成交易、运输、售后服务这些，只是天猫超市的购物过程在形式上变成了远程选择、远程交易、快递公司运输等。我们的任务是发现在新技术条件下，这个购物流程如何变得更高效，而我们并没有改变流程。

## 组织再造是使企业回归流程的根本方法

流程再造的实践者容易遇到的第二个问题是聚焦于流程本身的优化，而没有看看流程本身是否值得优化，也就是只顾低头做事，没有抬头看路。这往往是因为这些实践者已经存在或服务于某一个组织，只能在组织的框架下优化附属于组织的流程。其实，流程首先是属于企业的，以实现企业战略为目的，为此，组织设计需要服务于战略和流程。如果组织不能顺应大势而变，局部流程做得再好也不能改变企业发展的轨道。

大润发在零售行业是一个曾经号称 19 年不关一家店的传奇商场。在商场这个领域里，没有任何人能打败它，包括沃尔玛和家乐福，但是在零售业改天换地的前夜，它被阿里巴巴收购了。大润发创始人离职时说："我们战胜了所有对手，却输给了时代。"真的如此吗？ 1999 年阿里巴巴成立时，大润发已经是年营收 240 亿元的国际连锁企业。此时大润发内部应当是有技术部门的，但基于传统大卖场的业务思路，这些技术部门充其量只能扮演维修工的角色，大润发很难像阿里巴巴那样把技术部门视为核心资产，也就是说，在传统经营模式思想下，虽然大润发有技术部门这个组织，但它也不能发挥其在发现流程规律方面应有的作用。

既然流程是看不见的手，我们靠什么逼近它？靠的是一次又一次的探索和实践，正如市场交易多了就能让价格逼近商品价值。然而，科层制所形成的壁垒阻碍了业务流程的探索，这是造成流程不畅的根本原因，因此，流程再造的前提毫无疑问是组织再造。

组织和流程这对企业诞生之初就存在的双胞胎是相互依存的。企业发展之初，我们需要更高的行政效率，因此青睐组织，但企业大了就要靠规则，要让组织包容流程，因此要进行组织再造。当然，组织再造并非"去组织"，完全拆除部门墙，走向另一个极端，而是让组织与流程融合起来，建设流程型组织。

## 第二节　管理之法：管理权与指挥权双向指挥

流程型组织的再造如何进行？这就是要从权力和组织形态两个方面对传统科层制进行改造。从权力方面，流程型组织不能沿用自上而下的高度集权，而是要向流程分权；从组织形态方面，要让业务流程与行政管理一样有效率。这是流程型组织的管理法则。

### 组织权力重构

组织权力重构是指企业的授权不再依托科层制自上而下的单一授权渠道，而是将权力分成两种，即管理权和指挥权，这两种权力分别依托组织和流程进行授权。

管理权是组织管理者代表（如部门领导）根据授权或任命，对其管理的部门人员所拥有的任务分派、能力培养、绩效评定、奖励处分的权力。从本质上讲，管理权是对资源的管理，即把部门成员看作一个资源池，对资源的获取、运用、效能等进行管理，其行权具有以下特征。

首先，管理权是绝对权。管理权不需要他人的支配，权力人自己便能实现其权力，或者面对外界干预，权力人具有最高选择和决策权。例如，一个部门领导平时有权决定自己所负责部门的工作计划、执行分派、结果评定等，若外界对于本部门做出相关的请求、命令等（直接行政上级除外），权力人具有最

高的选择和决策权，可以一票否决。管理权对资源池的管理具
有行政管理的性质，具有一定的强制性，因此管理权的绝对性
保障了行政上的效率。如果企业招来员工后，安排他们做什么
工作还要再商议，那样行政效率就太低了，失去了办企业的基
本意义。

其次，管理权具有排他性。管理权所有人有权排除他人对
于其行使权力的干涉，并且同一人员或事物上只能存在一个管
理权，而不能并存两个或两个以上的管理权。例如，每一个员
工必须有且只有一个部门归属，接受一个领导的管理和考核。
有些企业在某些情况下实行集体领导，集体领导是听取集体意
见，或者以集体表决意见作为结论，但结论的执行管理仍然是
唯一的。管理权的排他性保证了组织的金字塔结构，这种结构
条理清晰，也提高了组织运作的效率。

再次，管理权是最完全的管辖权。管理权是权力人对于其
所有的成员进行全面支配的权力，包括对成员的拥有、培养、
考核和奖惩权力。在一般的组织中，指挥权也在管理权之下，
但流程型组织需要剥离指挥权，因此这里的管理权不包含指挥
权，部门领导在指派某一员工参与某项工作后，具体工作上的
指挥就不是他的事了。管理权的完全性意味着管理权所有者对
资源池负最主要的责任，除了业务指挥权外，其他权利和义务
都承担，他是资源池的第一负责人。资源池的价值体现在管理
权所有者身上，如果资源池兵源素质不行，或者调配跟不上，
管理者要对此负责。

　　管理权包含了几乎所有的组织权力，但唯独不包含业务指挥权。指挥权是指权力人以自主的意志运用或利用所需要的资源完成业务目标，这个资源可以是自己所有的，也可以是其他部门所有的。例如，研发部门为了解某个产品的市场情况，可以向市场销售部门要求派员参加，获得市场销售资源的指挥权，而市场销售部门有义务派员参加。

　　指挥权仅在有业务需要指挥时才可以行权，具有以下特征。

　　首先，指挥权是相对权。指挥权所有者依据外部要求行使权力，权力人可能需要调用外部资源，但不能对外部资源有直接的管理权。比如前面的例子，研发部门需要市场销售部门参与某产品的研究，但市场销售部门没有合适的人选，研发部门可以催促市场销售部门尽快培养人才，但不能命令市场销售部门或者越俎代庖。指挥权的相对性决定了其处于一定的从属地位，若要发挥好指挥权的作用，就需要聚焦重点事物，如利用执行公司的战略、解决客户提出的需求等契机，将工作目标与相关部门利益关联起来，得到这些部门的拥护和支持。指挥权的相对性削弱了指挥的能力，也就是提高了指挥的门槛，但实际上这对提高指挥能力是很有好处的。例如，销售部门使用指挥权，要求财务部门参与合同条款的评审，但销售指挥权不能指挥财务人员违反财务规定而放松评审要求，这使得销售人员不能单方面地为获得合同而随意改变财务条款，而应当努力克服困难，为公司获得高质量的合同。

　　其次，指挥权具有跨界性。指挥权所有者有权使用外部合

适的资源处理特定的事务，因此在工作安排上可以将工作扩大
到相关部门，将他人的资源为自己所用。例如，监督部门检查
工作，可以要求各部门先自行检查，这样就大大增加了检查工
作的参与人员数量。指挥权的跨界性基础在于可以相互跨界，
营销可以指挥研发，研发也可以指挥营销。如果今天营销指挥
不动研发，那么明天研发也就指挥不动营销，指挥权的范围也
就和管理权一样，只能在本部门范围内，这样便又成为科层制
组织了。

再次，指挥权具有专业性。指挥是流程负责人对于其负责
的业务展开端到端拉通的工作，但仅限于就事论事。例如，某
销售经理指挥一个销售项目，他的职权是在业务上指挥大家行
动，但仅此而已，他不能对来自其他部门的成员进行业绩考
核。尽管他可以就团队成员的业绩向其行政主管提供建议，但
他的建议只是参考意见而已。指挥权与专业性的结合，实际上
是将业务的指挥权交给了非行政体系下的指挥者，虽然这种指
挥权仅限于业务范围，但这足以动摇科层制的基础，因为科层
制的统一指挥使得行政管理者同时也指挥着业务，这是许多业
务的开展不能以客户为导向的根源。

比较管理权与指挥权，我们可以看出，总体而言，管理权
属于"重资产"，因为它握有资源池，对成员具有绝对管理权，
管理范围也最为宽广，而指挥权是"轻资产"，它需要通过调用
外部资源才能实现工作目标。两种权力各有其价值，前者使企
业获得稳健的组织能力，后者能使业务活动焕发活力，使得企

业的稳定与发展形成有机的统一。

## 管理权与指挥权的运用

将组织权力分成管理权与指挥权有何用处？其意义是在传统科层制组织的基础上保持业务指挥的有效性。科层制在组织中依然是有必要的，这种自上而下、单一领导方式的行动效率是最高的，这一点对企业来说必不可少，它的问题在于对业务的干预具有局部利益视角，因此我们唯一的办法就是不让行政领导干预业务。

其实，这种管理方式自古有之。我们先看一看中国古代军队的一种管理体制。虎符是古代皇帝调兵遣将用的兵符，工匠用青铜或者黄金做成伏虎形状的令牌，劈为两半，其中一半交给将帅，另一半由皇帝保存。将帅负责管理军队，进行日常战术和技能训练，但不能随意组织和发动战争。需要使用军队时，皇帝将另一半虎符授予钦差大臣，钦差大臣代表皇帝发号施令。在这种方式下，军队这个组织的管理者并没有业务指挥权（发动战争的权力），皇帝的权力通过两个渠道授权，形成制衡，极大地保障了国家的稳定。

虎符机制给我们的启示就是，权力可以沿着组织和流程两条线进行授权。企业界过去之所以倚重组织，是因为企业发展过程中效率因素更为重要，古代军队需要虎符机制是因为国家安全因素更为重要。随着企业规模的扩大，局部效率并不能带给这个企业稳定的结构，此时，军队的双向权力结构是否可以借鉴呢？

首先需要说明的是，虎符机制并没有消失，它在军事系统中一直延续着。2016年实施的中国军队改革，正式奠定了军队现代化组织形式——流程型组织。军改后，中国军队形成了两个指挥体系：一个负责养兵，即按军种负责组织专业训练、联合基础训练、后勤保障等军政事务；另一个负责用兵，即按战区负责作战、指挥、控制、协调和联合训练与演习，战时可迅速投入实际战斗指挥。

那么，这种双向指挥体系在企业中是否有案例呢？现实中并不多见，华为采用了这种方式，但第一个采用这种体系的是IBM。

20世纪90年代初，IBM濒临破产，1993年IBM亏损达81亿美元，创美国工商业年度赤字历史之最。然而，路易斯·郭士纳的出现挽救了IBM，他力排众议，否决了将IBM进行肢解的方案，坚决维护大公司的优势，集中调配资源。为使得这头"大象"自己跳舞，而不是依赖领导和行政指挥体系，郭士纳提出"以客户为中心"，授予IBM第二套权力体系，让IBM的员工不再仅仅听命于一个上级的指挥，而是在业务上以客户的需求为准，这样的运作并没有导致那种双向指挥的混乱状况。郭士纳的改革从实践上证明了"统一指挥"并非企业管理不可突破的原则，双向管理运用得好，反而使企业做大做强成为可能。

这种管理权与指挥权分开运用的方式是华为向 IBM 学到的真本事。虽然华为的变革是按不同的专业领域依次进行的，但实际上每一次变革并不是一个领域的事情，而是在业务指挥权下的混合作战。这种混合作战又不打乱既有的建制，是管理权与指挥权既分工又合作的结果。这是管理的底层逻辑，决定着企业管理的关系、思维、方式、行为、过程、手段和结果。很多企业的变革要么在固有的行政管理体制下，各部门井水不犯河水地搞变革，要么脱离原有组织另搞一套，得不到大部分人的支持，这样的变革难以取得较好的效果。

## 流程型组织与矩阵型组织的关系

很明显，管理权与指挥权双向指挥，就构成了一个矩阵结构，这与矩阵型组织有何区别呢？其实，矩阵型组织有两点与流程的初衷不相符合。

（1）矩阵型组织的横向项目是临时性组织，是因某些工作涉及跨部门协同而成立的，工作完成之后即可解散，并不是因为有固化的流程而存在的。

（2）矩阵型组织仍然强调单一指挥，成员需要在部门领导和项目组组长间选择一个人下发高优先级指令，否则工作会陷入混乱。本质上讲，矩阵型组织并不是真正的矩阵，因为它不是一个固定的阵势，也没有双向指挥系统。流程型组织更符合矩阵的特征，但业界已经赋予矩阵型组织特定的含义，因此在使用中应当注意区分。

## 第三节　再造之术：从高屋建瓴到全民皆兵

在很多大企业中，相对于战略管理、财务管理、人力资源管理，流程管理不是那么被重视，通常登不上一级部门的级别，而且相当多的企业根本就没有这样的部门。它们将流程视作基层部门的事情，因此流程总是在底层进行优化，一旦触及组织方面的问题就碰不得、动不了，因此流程再造工作做得再好，也不能提高企业的整体效率，正如一个城市的道路建设得再好，要是没有立交桥，仍然会拥堵不堪。

华为的实践告诉我们，流程再造不单单是解决流程的问题，也是解决组织运作的问题，因此必须自上而下、分层分级地落实不同的责任，执行不同的工作。流程不是独立的，而是每个人的业务，即每个人的工作本质上就是流程，只不过流程用一种更规范的语言来描述业务。这是每个人都应该掌握的工作语言，否则人们工作协作时总会产生因信息失真、动作不协调带来的效率损失。

### 高层管理者的流程责任

如果把流程看作法律，那么流程的建设和管理就相当于立法和司法体系。比如说法院体系，国家有最高法院，下设刑事、民事、军事等专业法庭，另外又按地方设置不同级别的法院，以此网格化地分解法律纠纷等问题的管辖范围，使得每一个问题都能迅速定位到解决机构。企业的流程也要建立这样的机制，让运作过程中产生的问题都能最终找到责任方或决策人。

企业的组织机构不能全面履行这种流程管理的职责，因为组织结构不能全面覆盖业务。组织的设计是跟随业务发展的需要，解决人力资源的安排。对于尚未开展或明确的业务，往往没有组织对应，这会形成一个真空地带，使得这里的工作职责不清，工作淤塞。例如，企业早期可能只需研发、生产、销售这样的岗位，而采购、市场宣传这些工作时有时无，非常态化，尚没有必要独立出来成立部门，但一旦遇到这样的事情，这部分工作就因为没有明确谁来做，成为被踢来踢去的皮球。在这种情况下，企业就需要一个流程责任人体系，即使部门没有设置，业务流程的责任也要全覆盖，应该由高层管理团队分管，推动各方面流程的建立，并对遇到的问题进行决策。

华为构建了全面的流程责任人体系，包括GPO（Global Process Owner，全球流程责任人）、BPO（Business Process Owner，业务流程责任人）、RPO（Regional Process Owner，区域流程责任人）、BUPO（Business Unit Process Owner，业务部门流程责任人）等。GPO分管一个较大的业务领域，是这个领域最高的"立法者"。GPO下设BPO，分管某一职能范围内的流程建设。另外，华为还沿着销售区域、业务群分设执行层面的流程责任人 RPO 和 BUPO，形成网格化的流程责任人体系。

流程责任人体系在很多企业的流程再造中也会用到，但它们的流程责任人往往是针对某一个具体流程的，而且流程责任人的级别也不高，有些甚至就是基层流程拟稿者，这样是起不到多少推动作用的。华为的流程责任人体系跳出了流程本身的框架，上升到了组织的层面，并且是企业高层的责任，这就使流程再造得到质的飞跃。到了这个层面，流程建设不再是补漏洞，而是张网式的全面建设，高屋建瓴，高瞻远瞩。

流程责任人体系建设本质上就是落实企业的价值链。价值链的概念首先由哈佛大学商学院教授迈克尔·波特于 1985 年提出。他认为："每一个企业都是在设计、生产、销售、发送和辅助其产品的过程中进行种种活动的集合体。所有这些活动可以用一个价值链来表明。"企业的价值创造是通过一系列活动构成的，价值链分析法将企业的生产经营活动分成基础活动和支持活动两大类：基础活动是指生产经营的实质性活动，一般可以分为原料供应、生产加工、成品储运、市场营销和售后服务等活动，这些活动与商品实体的加工流转或服务的增值直接相关，是企业的基本增值活动；支持活动是指用以支持主体活动而且内部之间又相互支持的活动，包括企业投入的采购管理、技术开发、人力资源管理和企业基础结构。这些互不相同但又相互关联的生产经营活动，构成了一个创造价值的动态过程，即价值链，见图 3。

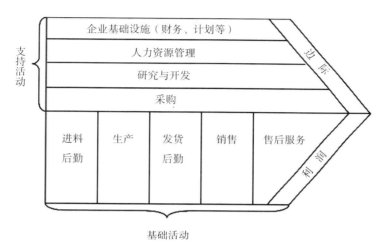

图 3　价值链参考模型

　　价值链看似简单，却是一个很重要的业务框架。框架的作用是框住边界，它看似不是实际的东西，却起着不可或缺的作用。如果我们没有国界线、省界线，你怎么规划一条公路修到哪里？很多人认为流程再造是要将流程端到端拉通，这就是没有分清界限，把自己的高速公路修到了别的省的地界上。流程建设讲究的是"结构化的端到端"，而不是"一股脑儿的端到端"，拉通流程是要在责任明确的前提之下才能做的。可以说，没有这种"结构化的端到端"，流程再造注定会失败。

## 中层管理者的流程责任

　　一个城市的交通要做到井然有序，就要划出主干道，优先保障主干道的畅通，例如进行封闭式管理、架设高架、挖通隧道等。主干道未必是两点之间最短的距离，但走主干道是花费时间最短的，这是效率的体现。

流程建设首先要明确主干流程。主干流程是对业务基本活动的规范，也就是业务规范的底线，如预算和支出的签发、投标和签订合同等对外承诺的关键活动，这些要严格把关。流程不是处处设卡，而是遵循底线思维，把底线问题识别出来，进行必要的把关。把关会牺牲一点效率，正如高速公路收费口要停车检查，但能识别出底线的检查保证了整条高速公路的顺畅。

主干流程本质上是针对中层管理者设计的，将他们日常工作的计划安排、实施方案、管理控制等设计到流程中，他们的工作就是管理业务的底线。一个企业首先需要规范的是管理者的流程，只有他们的工作规范了，才能起到纲举目张的作用。很多企业没有这种把持管理底线的管理流程，而一味地要求基层完善精益化流程，那样是解决不了关键问题的。

约束中层管理者的主干流程具有如下特性。

（1）主干流程是业务的管理流程。不论是产品部门、销售部门还是其他部门，业务的对象是多种多样的，管理方法肯定有所不同，但就管理过程而言，它们都有一个相同的过程，即 P-D-C-A 循环。无论哪种管理方法，只要是为了持续将工作越做越好，都可以归纳为4个步骤，即计划（Plan）、执行（Do）、检查（Check）、处理（Act），这是与管理对象无关的，是主干流程的基本骨架。由于 P-D-C-A 本质上也是管理工作的内容，因此，主干流程可以被看作管理流程。

（2）主干流程是管理者必须参与的流程。既然主干流程是管理流程，那么它就是管理者必须参与的流程，这是将管理流程从一般操作性流程中区分出来的重要意义。很多流程并不区分这样的主干流程与操作性流程，完全根据工作流转的需要流转到不同的岗位，这使得有些流程牵扯的管理者太多，因为种种原因导致效率低下，或者有些流程没有管理者参与把关，流程形同虚设。主干流程是业务的重要环节，它是管理工作的流程，当然首先就要求管理者必须带头遵从流程。操作性流程虽然不直接在主干流程中，但输入、输出与此相关，因此管理者应该聚焦于管理工作，不被操作性琐碎事务缠绕，这样可以使得流程运转更有效率。此外，让管理者聚集于主干流程，便于对管理者的监督，而管理者遵从流程也是流程文化建立的基础。

（3）主干流程是关键核心问题。流程通常让人们联想起做事的方法和步骤，这就是为何总是有很多人将流程等同于操作性流程，其实，比如何做事更重要的是否在做正确的事。主干流程关心的不是细节，而是大是

大非的问题，比如产品是否值得投入研发？生产计划
是否可行？销售机会是否真实？把这些问题把握好，
再去做细节上的工作才值得，否则可能忙到最后才发
现是竹篮打水。

## 基层员工和团队的流程责任

基层员工和团队原则上不应当做事过于僵化，而是应当不
落俗套。解决问题的方法多种多样，因人而异，因时而异，因
事而异，因此不应当过于苛刻地要求员工一定要如何操作，而
是在遵从主干流程的前提下让员工灵活掌握。当然，各种做事
的方法有好有坏，总结出最佳实践方法有助于提高个人和团队
的工作效率，因此我们仍然需要有末端流程作为指导，特别是
在团队协同方面，更是要达成一致的、最佳的标准。

末端流程可以被看作各项具体业务在主干流程没有规定时
进行的补充，是流程的最后一公里。末端流程可以是一种操作
指导说明书或模板工具，形式上可以相对没有标准主干流程那
样严格，要求业务部门能够自主发挥，灵活运用。

末端流程适配时要注意以下原则。

（1）不能触及和违背主干流程的管理红线。

（2）有明确的授权范围和职责。

（3）仅对主干流程未说明部分做补充，不是改写，否则在

主干流程版本更新时容易误导使用者。

（4）对于主干流程未覆盖的场景，临时性的通过问题升级机制解决，长期性的应当修订主干流程。

（5）末端流程原则上是建议性的，给出最佳实践即可。

对于基层员工和团队，另一项重要的流程职责是持续改进工作，即例行化地发现工作中存在的可改进问题，并且推动在制度和流程上慢慢改进。流程建设不应仅仅是自上而下的，也应当培养自下而上的流程文化，这样才会出现华为当前这种"抢流程人才"的局面，这是流程再造成功的真正标志。

## 第四节　效率之器：基于企业架构的信息系统建设

要打造一支能打胜仗的队伍，士兵的勇气和得当的指挥固然必不可少，但先进的武器也很重要。不可能所有的敌人都是愚蠢的，如果你面对的也是有勇有谋的对手，决定胜利的就是"器"。此所谓"工欲善其事，必先利其器"。

管理之器就是计算机信息系统。管理是人的思维活动，是意识形态的信息感知、记忆、加工、分析、表达和传递等活动，这些也是外在的信息系统所处理的事务，所以信息系统与管理密切相关，是管理活动的外部载体。未来，人工智能的发展可能能够深层次地帮助企业进行管理决策，目前它至少在管理信息的采集、流转、存储、分析等方面已经可以帮助人们极大地提升效率。如果企业的经营不把心思放到提高信息系统的效率上来，一旦遇到现代化武装的对手，那企业就只能用僧格林沁的3万铁骑对阵洋枪洋炮，冲向不可能取胜的战斗。

特别是对于流程型组织而言，如果没有信息系统的支持，那简直就是让企业"死"得更快。由于监管和分析的需要，流程的许多节点需要记录数据，以备后用。如果没有信息系统来记录和处理数据，单靠手工表单来记录、整理和加工，工作量是不可想象的，除非大量裁减这些控制节点对数据的要求，将其改为直接依靠人的感觉、记忆和经验，这又回到了流程型组织之前的状态。

企业信息化建设不是买一些系统和软件就可以了。系统的数据是否集成？如果没有，那么这里录入的数据到那里还要再录，出了差错找原因更是费时费力。系统的功能是否适合业务的需要？如果不是自己的业务逻辑，按照别人的套路做事，那就没有优势。采用的技术是否先进？老的技术看似能抵挡，但业务定制和修改效率太低，比起别人总是慢半拍，那就没有竞争力。所以，信息系统建设不是找修理工，而是一项提高竞争力的业务，它和人力资源打造企业的高素质员工体系一样，也是企业的一项软实力，需要高层亲自抓起，系统性地规划和建设。

从企业的顶层开始做好企业的信息系统规划，其任务就是做好企业架构。这是指对企业信息系统中具有体系的、普遍性的问题提供的通用解决方案，更确切地说，是基于业务导向和驱动的架构来理解、分析、设计、构建、集成、扩展、运行和管理信息系统。基于这个架构来选择应用和技术平台，才能设计出与流程相匹配的信息系统。

企业架构可以分为两大部分：业务架构和 IT 架构。

业务架构是把企业的业务战略和价值链转化为流程架构，此外它还包括业务的运营模式、流程体系、组织结构、地域分布等内容，以便满足业务的各种适配需要。

IT 架构是指导 IT 投资和设计决策的 IT 框架，是建立企业信息系统的综合蓝图，包括应用架构、数据架构和技术架构三部分。业务架构与 IT 的三个架构并称 4A（企业架构的 4 个组成部分）。

业务架构的主体就是流程架构，它是业务的分类框架，也是 IT 资源的划分参考。如果按照其他标准来划分 IT 资源，比如按照 ERP、CRM、OA 等应用范围来划分，这样 IT 资源的逻辑与企业自身的流程就不一致，会加大 IT 随流程变化而更改和定制的难度。业务架构与 IT 资源划分可能做不到绝对对应，但至少要以业务架构为目标。

应用架构描述了 IT 系统功能和技术实现的内容。表面上看，应用架构就是让软件系统实现流程的各个功能模块，它支持每一项业务活动，但实际上为了这些功能的实现，应用系统还必须进行合理优化，比如对于记账、审批、结算这几个活动，在计算机实现上就分成了存储、查询、计算、通信等不同操作，应用系统组合完成这些活动。如果没有提炼出这些基本操作，原封不动地把业务逻辑搬到技术逻辑上，软件开发就是低效的。因此，需要有这样的团队进行应用架构分析后，再开发应用软件程序。

数据架构是企业对使用业务数据的统一规划。在不同的业务和应用系统中，很多数据本质上是相同的，例如合同信息既是销售阶段与客户谈判的数据，也是交付阶段的验收参考数据，还是财物结算所需要的数据，这些数据在不同的系统中可能有不同的存储、命名和结构，导致数据不同，甚至产生矛盾，有时还需要多次录入，那样就降低了效率。因此，统一数据结构、建立企业内的数据定义和使用规范是十分有意义的，这种规范如果做得好，成为客户、供应商和行业标准，对提升企业的商业地位是十分有利的。正所谓"一流企业定标准，二流企业做品牌，三流企业做产品"，我们可以看出，数据架构做得好，意义有多么大！

技术架构是企业整个或部分技术系统的底层技术组合设计，为应用系统以及数据管理提供先进的基础支撑，是技术开发的骨架。技术架构设计者更多地关心技术前沿而不是内部业务，因此与应用架构和数据架构的分析设计人员分属不同的团队。

4A架构中最根本的是业务架构，它体现了企业业务流程及其架构，其他3A都应以此为目标，即技术遵从业务。企业高层管理者如果不是技术出身，缺乏信息系统的专业知识，那至少得管好业务架构，以此为目标开展信息技术相关工作，做到纲举目张。如果没有自己的业务架构，企业在信息技术上投资再多也难得到较好的成效。

## 本章小结

本章论述流程型组织的建设总体方法。公司治理需要企业的组织来支撑，而流程型组织不仅仅是一个组织体系，也是一个流程体系，流程体系的建设是很多企业比较缺乏的。本章从道、法、术、器 4 个层面简单介绍流程体系建设的要点。

- 企业之道——企业本身就是因分工而产生的，分工的结果是同时产生了组织和流程。由于受到企业普遍采用的科层制影响，大企业病的典型问题是重组织而轻流程，因此流程再造的前提是先要进行组织再造。
- 管理之法——组织再造的方法是将业务指挥权从行政管理权中剥离出来，使其归于流程，构成双向指挥的流程型组织，这样既保证流程以客户为中心顺畅运转，同时还能保持原有行政体系的高效运作。
- 再造之术——流程再造需要从高、中、基层分别开展，高层明确责任，中层把握主干，基层灵活适配，并建立持续改进的流程文化，这是保障流程再造成功的经验。
- 效率之器——流程的建设一定要和 IT 建设相关联，这样才能保证流程执行的效率，打造现代化企业。

# 结　语

从华为经济学到公司治理新模式，我们看到了一种新的经营哲理和实践。这是一种壮举——百年不遇的变革。其实这种壮举是很悲壮的，是九死一生。在华为变革之初，没有人能理解任正非为什么要学 IBM，没有人愿意付诸行动，以致任正非不得不提出"先僵化、后优化、再固化"的方针，这才引导华为一步一步走到今天。

"先僵化"恐怕是最悲壮的无奈之举，人在曲高和寡、难觅知音时才会这样发出义无反顾的号召。但这也体现出任正非的坚定意志，他在迷雾中始终如一地坚持着方向，不惜代价，实现了宏伟的理想目标。看到华为今天的成功，我们千万不要忘记它昨天的艰辛。

现在，"先僵化"也出现在很多企业领导者的嘴边，他们敬佩任正非，视他为榜样，但是又有多少人真正能够"僵化"下去？当各种管理方法产生矛盾时，当变革效果不能快速显现时，当上下不能齐心时，很多人就动摇了。华为的方法是否只适用于华为？其实，"僵化"并非僵而不化，如果没有真正透彻的领悟，很多人的实践就成了僵而不化。僵者，不灵活也，穿着别人的衣服，怎能舒适？削自己的足，去适别人的履，怎能不疼？但是，"化"是个消化的过程，是要清空自己，忘我地学习。如果不忘我，总是比较着自己，就会有排异反应，不能消化吸收。

当然，也不是企业管理者不愿意消化华为的管理方法，只是华为的管理方法太多，遍布各个领域，而且很多已经超出一般企业当下的条件，所以它们可能消化不了。本书没有介绍具体领域的管理方法，而是主要聚焦于经营理念层面，希望能够成为读者学习华为的催化剂。

# 参考文献

1. 玛丽亚·莫斯坎瑞斯. 企业经济学［M］. 柯旭清，廖君，译. 北京：北京大学出版社，2004.

2. 罗伯特·L. 海尔布隆纳. 哈佛极简经济学［M］. 唐欣伟，译. 海口：海南出版社，2018.

3. 黄琪轩. 政治经济学通识［M］. 北京：东方出版社，2018.

4. 马克思主义基本原理概论［M］. 北京：高等教育出版社，2013.

5. 孙科柳，蒋业财. 华为绩效管理方法论［M］. 北京：中国人民大学出版社，2019.

6. 黄卫伟等. 以奋斗者为本［M］. 北京：中信出版社，2014.

7. 傅婧宸，赵晓芬 . 国际贸易［M］. 成都：西南财经大学
   出版社，2015.

8. 王勇 . 跨国公司治理研究［M］. 北京：中国法制出版社，
   2012.

9. 李雅丽，万家凤 . 现代经济学教程［M］. 大连：东北财
   经大学出版社，2017.

10. 徐希燕 . 企业多元化战略研究［M］. 北京：中国社会
    科学出版社，2019.

11. 宋剑涛等 . 公司治理学［M］. 成都：西南财经大学出
    版社，2011.

12. 何绍茂 . 华为战略财务讲义［M］. 北京：中信出版社，
    2020.